股市赢家

凯恩斯 著

A股投资真经

中国铁道出版社有限公司

CHINA RAILWAY PUBLISHING HOUSE CO., LTD.

内 容 简 介

　　本书根据作者二十多年的投资经验与投资教训，提炼出了在各类市场中的操作心得、投资策略和投资经验，其中既有在牛市中拿住股票的技巧、在熊市中避免亏损的经验、在震荡市场中的交易手法，更有价值投资核心理念、找到高成长股的方法。

　　本书将时代大背景、经济大环境和市场大趋势与作者亲身投资经历相结合，由浅入深、生动地介绍了不同时期的投资经验与投资理念，通过理论与实战相结合，帮助读者理解投资的真谛，并加以融会贯通，最终在不断实践中找到适合自己的投资方式与投资风格。

图书在版编目（CIP）数据

股市赢家:A股投资真经/凯恩斯著.—北京：中国铁道
出版社有限公司，2020.6
ISBN 978-7-113-26718-6

Ⅰ.①股… Ⅱ.①凯… Ⅲ.①股票投资-基本知识-中国
Ⅳ.①F832.51

中国版本图书馆CIP数据核字（2020）第044273号

书　　名：股市赢家——A股投资真经
作　　者：凯恩斯

责任编辑：张亚慧　　　　　　　读者热线电话：（010）63560056
责任印制：赵星辰　　　　　　　封面设计：宿　萌

出版发行：中国铁道出版社有限公司（100054，北京市西城区右安门西街8号）
印　　刷：北京铭成印刷有限公司
版　　次：2020年6月第1版　2020年6月第1次印刷
开　　本：700 mm×1 000 mm　1/16　印张：16.75　字数：215千
书　　号：ISBN 978-7-113-26718-6
定　　价：59.00元

　　从初入股市的投机到价值投资，再到投资教育，我竟然走过了 20 多年的历程。回望过往，既经历过令人煎熬的熊市，也享受过牛市的盛宴，既跑赢过大盘，也经历过绝望的谷底。我很庆幸，在这个市场浮沉 20 年后，今天我还在，我不但没有离场，反而倾注更多的时间和精力于投资教育上，向更多的人传播投资知识，为社会的和谐稳定贡献自己的一份力量。

　　我初入股市的原因和所有人一样：赚钱。初入股市的人通常最先学到的知识是 K 线图、均线、技术指标，几波操作下来，既有赚大钱的时候，也有被套割肉的时候，短线进进出出虽然很刺激，但是伤神伤力，总体看短线赚到的钱最终还是会被股市收回。

　　在我开始对短线投资失望的时候，我接触到了巴菲特的理论，其"买股票就是买好企业""关注企业市盈率"等言论，放在今天是稀松平常的理论，而在当时到处充斥着投机、内幕消息的股市，像一盏明灯般彻底照亮了我的心扉。

　　经历过漫长的反复试错纠错的阶段，我从短线投机转身为价值投资，远离短线投机的浮躁、急功近利后，我开始静下心研究股票，克制内心的贪婪和绝望，静心反思、静观内省。我确立了选股的原则：企业能盈利，能持续性盈利。这看似一句正确的废话，践行起来却很难，需要花费巨大的时间和精力研究分析企业的财报，甚至实地考察企业。这么做的意义在于，选择了好企业，坚信自己的选择，在股市剧烈波动时，不会被恐惧的情绪左右，依然能拿住好股票。

　　股市中的确每天都有赚钱的机会，但是财不入急门，有句话叫欲速则不达。杰西·利弗莫尔曾告诫投资者："不理会大波动，总是设法抢进抢出，对我来说是致命大患，没有一个人能够抓住所有的起伏。"真正在股市赚钱的人用 80% 的时间等待，20% 的时间来操作。在大牛市拿住牛股，坚持不动，在熊市拿好现金，不为短期利润所诱惑，才能真正赚到钱！

股市投资几乎没有什么门槛，只要有几百元就能入市投资。事实上这种低门槛害大于利，赌性很大的人、情绪不稳的人、心智不成熟的人、毫无知识储备的人，都一窝蜂涌入市场，他们就像没有经过军训的新兵被拉上硝烟弥漫的战场，就像上战场的士兵不会用枪一样，结果可想而知，必然惨败离场。

股市的惨烈不亚于惊心动魄的商战。股市犹如战场，学习股市理论，学习关乎股市命运走向的时事、政策，学习研究个股的基本面，学习炒股技巧等都非常重要。但是，很多投资者却始终不能够明白这其中的道理，一味相信所谓"高手"的言论，迷信所谓的内部消息，结果失去了自信和稳定心态，最后遭受损失，备受打击。

对炒股的人来说，股市中的错误就意味着真金白银的损失。在股市中赚钱没有捷径，学习投资理论、吸收总结投资大师的投资经验、借鉴前人的失败经历是投资者的必修课，丰富的知识储备、足够多的模拟实战经验、稳定的情绪就是在股市中赚钱的捷径。

本书缘起于和朋友的一次谈话，书中分享了我在各类市场中的操作心得、投资理念和投资经验，其中既有在牛市中拿住股票的技巧、在熊市中避免亏损的经验、在震荡市场中的交易手法，更有价值投资核心理念、找到高成长股的方法。

股市中没有新鲜事，股市上今天发生的事，过去曾经发生过，将来也必然再次发生。希望通过本书，投资者能思考、分析和总结，不要犯前人犯过的错，建立更健全的交易模式、提高交易心智、稳定交易情绪，做一个聪明的投资者！另外，请牢记，投资有风险，投资需谨慎。

编　者
2020 年 3 月

| 目 录 |
CONTENTS

第一章　铺好投资之路 / 1

回忆投资之路 / 2

股市成长的 9 个段位 / 11

赚快钱还是长期投资 / 17

想做"赢家"要先学"做人" / 25

为何个人投资者总是不赚钱 / 33

规划投资蓝图,铺好投资之路 / 38

第二章　撬动股市之术 / 41

撬动股市要有功夫 / 42

转变投资思路和投资理念 / 46

对价值投资的误读 / 53

让感觉跟着市场走 / 59

获得满意投资收益 / 64

第三章　短线投机策略　/　71

疯狂短线投机交易原则 / 72

短线绝不要做成中长线 / 77

短线操作中的买入技巧 / 81

更需谨慎短线操盘心理 / 85

风险承受能力评估 / 87

第四章　震荡行情法则　/　91

判断出真正的震荡行情 / 92

震荡时期个人投资者生存法则 / 103

股价启动前的各种征兆 / 107

第五章　牛市的走势逻辑　/　113

大牛市需要伟大故事 / 114

牛市疯狂的炒股经历 / 118

在牛市中应大胆选牛股 / 123

勿用熊市对比大牛市 / 127

在牛市中心态可别失控 / 130

第六章　在熊市中谋划　/　135

吸取熊市炒股教训 / 136

熊市中的选股思路 / 144

降低持仓成本 / 148

熊市生存法则 / 154

熊市调整心态技巧 / 157

第七章　玩转交易魔方　/　161

溃败于糟糕的交易心态 / 162

技术与交易心理相互影响 / 166

克服盲从 / 170

改变投资习惯 / 174

第八章　与走势做朋友，顺势而为　/　177

不是买股票而是买趋势 / 178

个人投资者也应具备庄家心态 / 182

调整心态在于塑造价投 / 186

保持长期投资乐观秘籍 / 189

第九章　趋向价值投资　/　195

牛熊瞬间转换 / 196

国内价值投资的有效性 / 199

回归理性在于价值投资 / 205

选择高成长股 / 209

具有护城河的高成长企业 / 213

企业的护城河在哪里 / 216

第十章　找到好企业，耐心持有　/　225

财务分析是必修课 / 226

先从利润表入手 / 229

钱的运动轨迹 / 233

深入分析资产负债表 / 240

净资产收益率 / 247

关键指标: 市盈率 / 250

安全边际的设定 / 254

后记　/　257

第一章
铺好投资之路

2018 年开春, 我接到了一个电话。打来电话的是我多年的好友——树儿。短暂的交谈之后, 我知道, 树儿又重新开始炒股了。身边多了一个炒股的朋友当然是好事。

我犹记得树儿在 2008 年股市暴跌时亏损惨烈, 然后转为做实业, 做得十分成功。他再度回到股市当中的勇气令我十分钦佩, 毕竟更多人在经历大的亏损之后都会一蹶不振。

他说: "咱俩约个时间见一面, 我想听听你的炒股意见。周末你有空吗? 咱们就约在以前大家经常聚会的那家餐厅。"

与老友许久没见, 我自然欣然答应下来。只是没有想到, 和树儿的这一次聚餐却成为我一次炒股经历的回顾与总结。

回忆投资之路

周六，在那家熟悉的餐厅，我见到了笑容满面的树儿。

树儿问道："我最近重新开始炒股了，但是总感觉玩不转。你是我所有朋友当中炒股时间最长的，也是最成功的一个，我想向你请教炒股的一些方法，听听你步入股市的感悟，给我的股票投资找个方向。"

我沉思了片刻，对树儿说："要说起我的投资之路，实际上也并不是一帆风顺的。"

事实上，我开始投资赚来的"第一桶金"并不是来源于股市，而是当时十分火热的外汇市场。

在 1992 年至 1993 年期货市场初步发展的过程中，有多家香港外汇经纪商未经批准到内地开展外汇期货交易业务，并吸引了大量的企业、个人参与。由于内地绝大多数参与者并不了解外汇市场和交易规则，盲目地参与导致了大量的亏损。

1994 年 8 月，中国证监会等 4 部委联合发文，全面取缔外汇期货交易。此后，管理部门对境内外的保证金交易一直持否定和打击的态度。

1998 年年底，中国人民银行开始允许国内银行面向个人提供实盘外汇买卖业务。1999 年，随着股票市场的逐步规范，买卖股票的盈利空间大幅缩减，部分投资者开始进入外汇市场，国内外汇实盘买卖逐渐成为一种新兴的投资方式，并进入了快速发展的阶段。当时，外汇买卖已经成为除股票外最大的投资市场。

1998 年 12 月前后，我身边有不少朋友纷纷炒起了外汇，我听到不少靠炒外汇发家致富的故事。例如，"从亏损 35 万元到盈利 100 万元"的奇迹；"货币之王比尔·李普修兹 6 小时盈利 600 万美元"的神操作；"投资回报率达到 2,500 倍的天才交易员艾迪·塞柯塔"的交易策略。

当时，有炒外汇的朋友特意向我讲解外汇投资相较于股票投资有所不同，外汇投资的优势在于以下 5 点。

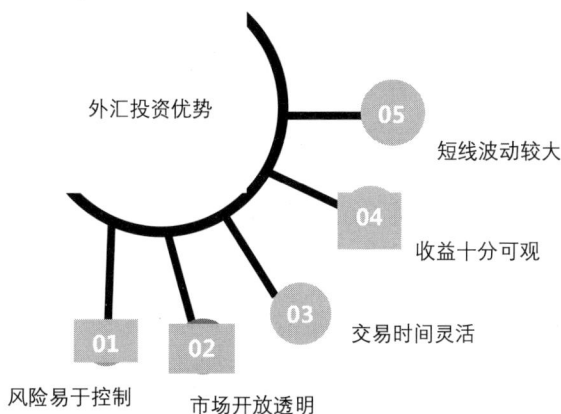

外汇投资优势

05 短线波动较大

04 收益十分可观

03 交易时间灵活

01 风险易于控制　　02 市场开放透明

外汇交易可以根据行情及所能接受的损失程度，对每一笔交易设定止损价。当价格到最低止损价时，交易自动停止，能够有效防止本金过多受损。

根据我对外汇的理解，外汇交易市场相对于股票市场，更加公开透明，投资者不用劳神于每只股票的业绩，没有所谓的"内幕交易"。汇市每天60,000 亿美元的成交量，使个人以及任何机构都没有坐庄的实力。

同时，不同于股票交易时间的局限性，外汇投资每天 24 小时都可以交易，这样一来就避免了上班时间抽空看交易数据，而在业余时间可随时轻松建仓，不用担心因为涨跌停板的限制而无人承接。

不仅如此，看着身边的朋友一个个靠炒外汇发了家，纷纷买车买房，收益可观，我逐渐开始坐不住了。

此外，外汇交易利息收益十分可观，假如你投资一只像英镑、美元、澳元这样的高利率货币，那么当时能够收获的就是超额利息回报。

我仔细考虑了外汇投资的这 5 项投资优势，反复权衡投资风险和投资收益，最终决定入市尝试一把。

我并不是一个高风险爱好者，这也为我今后转变为价值投资者奠定了基础。我始终记得巴菲特的告诫：任何投资的第一原则就是规避风险，保住本金，因此我的交易策略始终以稳健见长。

2000 年，我终于拿出攒了很多年的 5 万元投入了汇市。在当时，5 万元对于一个普通家庭来说不是一个小数目，虽然家人持反对的态度，但我还是将钱投入了汇市。

从此，我开启了投资之路。

国际货币之间的汇率变化无时不在，短线波动无形中增大了盈利机会，我无须计较每天盈利多少，因为每时每刻都存在赚钱的机会，可以积小胜成大胜。

对股票投资来说，只有涨才能赚钱，而对于外汇可以买涨，也可以买跌，只要选对交易方向就能赚到钱。由于外汇保证金交易是国际主流的外汇交易方式，双向交易量无穷大，赚钱机会也多。

大约一年下来，我通过几波短线操作获得了极大利润——投入的5万元本金翻了好几倍，不仅实现了短期投资目标，而且让质疑的家人默不作声，甚至连家里亲戚都希望我带他们一起"炒汇"。

然而，我也是入市不久的新人，在这么短的时间内就实现了成倍的盈利，让我开始怀疑究竟是"新手运气好"还是外汇操作原本就如此简单。不知道是警惕的直觉，还是赚钱太快带来的不安全感，我始终觉得汇市短线操作不太可靠，而且预感外汇市场总有一天会崩盘。

基于上述原因，我拒绝了代理亲朋好友炒外汇的要求，也怕自己连本带利地赔进去，于是将赚到的钱在北京购买了一套房子，当时觉得投资房产更加踏实可靠。

不过，我还是有些不甘心，不愿就此完全清仓，于是将5万元的本金留在了外汇市场，期盼着能够依靠波动再赚一套房钱。

可惜，我的愿望落空了，外汇投资市场的走势和我此前预料的如出一辙——崩盘了，5万元的本金全赔进去了，而且又赔进去几万美元。

外汇投资有其优势，势必有其劣势，始终依靠短期操作不是长久之计。在这次汇市崩盘之后，我迅速地撤离了汇市。

　　虽然如此，但我仍然十分感谢当年将我带进汇市的朋友，因为外汇交易的经历给我炒股票带来很大启示，同时也为我赚到了股市中的"第一桶金"。

　　2001年，我从汇市撤离之后，决定投入股市的怀抱，成为一个"股民"。2000年，很多股民其实已经意识到中国股市将创出历史新高。果然，当年股市创了新高，这让所有的人错愕不已。

　　2000年8月22日，沪深综指分别见到644.62点和2,114.52点之后，大家都以为当年也就这个样子了，但是自从创业板设立和国有股减持暂停实施后，市场激情梅开二度，沪深两市终于在2000年11月23日和24日创下2,125.72点（深市）和656.21点（沪市）的新纪录。

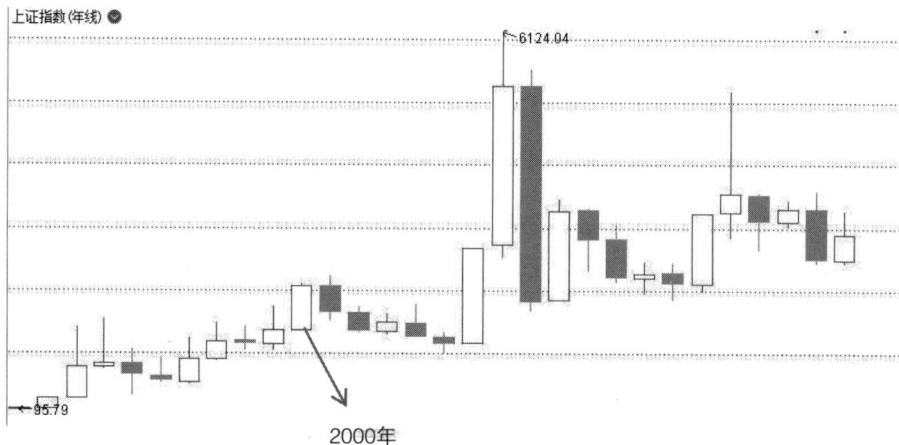

2000年

　　与此同时，国有股减持排上日程。减持国有股的想法和开端都源于1999年。但直到2000年，这个想法才变得目的性更强一些——为大中型国有企业职工筹集社保基金。减持不等于流通，方式可以有回购、配售、场外转让和配售给基金等。

为此，专家们一口气提了十多个方案，但国有股减持的启动还是推迟到了 2001 年。然而，国有股减持的事情，像个影子，一直笼罩着 2000 年的 A 股，让人无法回避。

我当时并没有意识到 2001 年的股市走势会使人如此大跌眼镜。我和众多刚踏入股市的投资者一样，就像一只无头苍蝇，倾向于短线技术分析。冒冒失失携少量资金杀入，其后也是凭感觉频繁买卖。

当时 A 股市场热衷于炒"垃圾股"，我也如愿赚了一点小钱，但很快厄运来了，2001 年 12 月，管理层为遏制市场疯狂投机，采取了一系列监管措施，大盘几乎遭遇 3 个跌停板，获利丧失殆尽，我在亏损 1/3 本金后仓皇离场。

巨大损失过后，我痛定思痛，怎样才能找到在股市中稳定赚钱的模式？今后股市投资之路该怎么走？

这时，巴菲特的名字开始传入中国，不少人在谈论巴菲特价值投资的神奇，至于什么是价值投资，大家普遍觉得投资绩优股就是价值投资。连价值投资皮毛都不懂的我，深深地崇拜上了巴菲特，并暗自下决心：以后进行价值投资，只投资绩优股，不炒垃圾股。

我开始逐渐转变自己的投资思路，通过不断地学习、阅读，并且参加各个股票培训班来提高投资水平，逐渐形成了价值投资思维，并且通过分析选购了看好的股票——辽宁成大（600739）。而辽宁成大在以后几年的走势也并没有让我失望，可以说这一次小试牛刀初见成效。

2006 年前后，新浪微博开始兴起，几乎所有人都会在微博中记录生活、心情。我是一个特别喜欢新鲜事物的人，对于有趣的新鲜事物都会去尝试一下。我也开通了新浪博客，并且在微博中记录投资策略、选股战法以及投资心得。

可能是因为当时玩微博的人比较少，加上我真诚地在传授炒股经验，很快我便在微博中吸引了一部分炒股的朋友跟随并通过微博这样一个平台，逐渐开起了炒股在线教育课程。

在我开通微博后不久，2007 年牛市疯狂之后迎来了 2008 年的那一场大暴跌。由于我准确预测，成功从那场大股灾前的顶点撤离，同时也带领小伙伴避开了那一次股市大跌。要知道更多的人倒在了那场"暴跌"当中，而成功逃离大跌也打开了我的知名度，使我获得了更多的追随者。

此时，我静下心来思考自己的定位：做一个个人投资者抑或做一个股评人？还是做一个价值投资践行者？还是做一个股票教育者？在不断地思考中，我逐渐想清楚自己的使命：我想成为一个价值投资的布道者。

正因为如此，在接下来的十多年当中，我不断地学习，并且记录投资股票经历，开设课程，为追随自己的投资者讲授投资思路以及炒股经验。

在十多年的股票投资当中，我始终践行价值投资的理念，并且在此基础之上与时俱进。

2012 年，我踏入了私募基金的道路。当年有很多券商上门拜访，找我发行结构化私募基金产品，大致是我出 2,000 万元，券商负责募集 8,000 万元，基金产品设置一个 0.8 的清盘线。

我考虑了一下，如果清盘，钱就没有了，当时觉得风险太大，没有做。现在回头一看，我觉得当时的决策非常正确。

2016 年年初，我参加了一个机构内部交流的论坛，认识了许多优秀的研究员和分析师，其中有金融学院领导、保险公司分析师、期货公司老总、证券公司研究院领导、私募基金经理、公募基金分析师等，在交流中，大家对中国经济未来的走势的看法有很大分歧。

相较来说，学院派的学者和保险公司对 2016 年的经济走势不太乐观，认为经济可能会是 L 形的底部横盘，而私募基金和公募基金则对中国的创业和创新的经济转型保持乐观。

总体看来，大家对未来有一个共识：2016 年的机会是跌出来的，并且连续 2 周持续下跌。我知道机会要来了。

为什么这么说呢？

2016 年，中国 A 股的总市值为 42 万亿元人民币，相当于 7 万亿美元。中国的 GDP 总值超过 10 万亿美元，比值不足 1 ∶ 1，而美国股市市值占 GDP 的比重为 130%，日本、韩国、印度等约为 100%，仍然具备上涨空间。

中国家庭投资股市的资金占所有资产的比例不足 10%，未来市场仍然有充足的资金入市。同时，社保等保险资金仍然没有大规模入市。一旦跌出了机会，肯定会出现资金抄底。

当大家都认为"黑色星期一"又要来临，可能跌破前低的时候，难道就不能在跌破前低之后，会出现大资金抄底的"周二奇迹日"吗？

在我看来，2016 年市场是否跌破上证指数 2,850 点并不重要，最为重要的是，机会正在一步步地走来，敢不敢抓住机会是自己的事情。

2016 年 7 月，我又参加了一个券商组织的北京私募基金经理聚会，再一次和各个私募基金领域的精英交流了感想，我发现目前的私募基金都是在经历了股市剧烈波动 3.0 模式后生存下来的，所以除非是一些深度价值投资的老牌私募敢满仓，基本上依靠技术分析并进行波段操作的私募基金，仓位并不重。因为技术指标在等待能否突破上证指数前期高点 3,100。

很多券商出身的私募基金经理，更倾向于通过波段追求绝对收益，倾向于到上证指数 3,300 点就清仓，准备跌破上证指数 3,000 点再买。

从公募基金公司出身以及我这种从技术到价值投资顿悟的草根，更倾向于分析具体的机会，而不是过于关注大盘点位来投资。

即使你认为股市没有指数机会，现在沪深两市也有 20% 的股票价格超过 5,178 点，创历史新高。如果说 2016 年上半年没有机会，那么也许是选股水平不够，也许是买的股票还没有开始上涨。

我在聚会中与 30 多家私募经理交流之后发现，虽然价值投资是极少数，但是我更加坚信走价值投资道路的正确性，也对自己的投资水平更加自信。

正因为看到很多年轻的私募基金经理还在依赖技术，还没有脱离个人投资者操作水平，竟拿着 20 亿～30 亿元资金依靠技术指标来做波段，这让我直冒冷汗。

一口气说了这么多内容，我有些口渴，端起桌上的茶杯喝了一口，接着对树儿说道："我投身股市 20 余年，从汇市再到股市，从短线技术投资者转变成为忠实的价值投资者，在经历了汇市、股市的风风雨雨之后，才知道什么是投资当中最重要的。"

股市成长的 9 个段位

树儿也一边喝茶一边感叹："我从 2007 年炒股以来，到现在算起来也有十多年了，但是和你比起来，炒股水平恐怕只有你的一半，总感觉我对炒股是丈二和尚摸不着头脑，简直就是刚入门的水平。"

我笑了笑说："那你可就错了，怎么说你也是经历过牛市、熊市的人了，在我的评判当中，你已经是炒股水平第三段位选手了。"

树儿不解地问道："什么是第三段位？我怎么听不明白？"

我告诉树儿："我自创了一套以围棋段位来判断股票投资者真实水平的方法。根据一个人的选股操作，我就能知道他的投资水平高低。因为每个人在股市成长中都要经历这 9 个段位。"

股市没入门级

新股民刚进入市场，对股市中的一切只有一个大致的了解，甚至不太清楚股市的专业术语和交易规则，对于要买什么股票以及什么时候卖，几乎没有主意。

新股民在交易时主要参考电视股评、网络股评以及各大主流财经媒体的股评，或者听朋友的建议，总觉得他们说得都有道理，其典型特征是跌了不知道是买还是卖。

股市一段水平

投资者知道了一些技术指标，如 MACD、KDJ、RSI 等，总觉得它们有时准，有时又不准。他也关心股票基本面情况，当天世界上发生了什么大的事件，以及对股市有什么影响。他总是能够在第一时间上网查看。

其典型特征是，拿着股票总感觉不踏实，因此交易比较频繁，时赚时亏，但总的来说，账户是亏损的。股市一段水平的特点是投资者对什么都是一知半解。

股市二段水平

投资者在市场上已经交易了一段时间了，但总的来说账户是亏损的。他觉得要在这个市场赚钱真的很难，急着想在股市翻本，可不知道该怎么办。

他看了一些关于股票交易的书，可觉得书中说的是一回事，实际操作又是另一回事。他觉得还是指标不够精确，于是试着调整参数，可这些参数仍然是有时准有时不准。

他在网络论坛中希望得到炒股高手的指点，可觉得他们说得有时准有时不准。股市二段水平的特征是，投资者开始怀疑股市投资是否有规律可循。

股市三段水平

投资者已经有过在股市中赔钱或者经历暴跌的经历，开始懂得敬畏股票市场。

投资者知道要在这个市场中生存不能听信那些股评，于是开始系统地学习，将能找到的相关书籍都看了，希望从中找到一个战胜股市的法宝。

投资者学习了波浪理论、江恩的测市法则、价值投资之类的理论体系。

投资者也知道了短线操作，要顺势而为，亏损了要止损。可他搞不清这个"势"是怎么确定的，止损设在什么地方才好。

投资者认为要准确地预测市场何时反转真的太难了，不太相信在这个市场有人可以赚到钱。因为即使经验丰富的投资者也会在面对市场时束手无策，那么其他投资者怎么可能赚到钱？

显然，三段股票投资者具有以下 3 个特点：

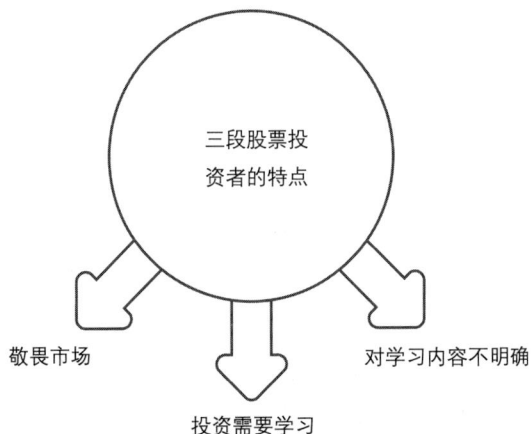

```
            三段股票投
            资者的特点


敬畏市场                  对学习内容不明确

          投资需要学习
```

股市四段水平

到了这个阶段，投资者开始明白，要在这个市场中赚钱，除了学习方法，还需要有一套自己的交易系统，可这个交易系统具体包括哪些内容，投资者还是心里没谱。

他试着将几个老师的方法和几个技术指标组合成交易系统，根据它们提供的信号买卖。可技术指标之间经常相互冲突，让投资者搞不明白此时到底该相信技术指标还是价值投资。

投资者试着做长线，尝试价值投资，可有时搞不清到底股指是短期回调还是要反转。投资者也试着做日内短线，经常今天赚了几千元，明天却亏了 10,000 元。他的账户仍然是亏损的，觉得做股市投资真是太难了，如果实在不行，就考虑是不是该放弃了。

股市四段水平的特点是，投资者懂得要建立投资交易体系，但是对于具体的交易体系包括哪些内容，投资者开始反复测试，却总拿不准。

股市五段水平

投资者开始明白，在股票市场中无法预测价格走势。不仅投资者不行，其实别人也不行。投资者开始逐步建立一套交易系统，只要严守纪律，从长远来看，应该能赚到钱。

这个段位的投资者选错了股票会止损，对盈利的股票也开始能拿得住了。交易会时赚时亏，盈亏基本相当或者略有盈利。这时的投资者开始相信在股市中肯定有人可以赚到大钱。

股市五段水平的投资者，开始能够偶尔选出好股票。

股市六段至七段水平

这个段位的投资者知行合一，开始能够稳定盈利，不管是依靠技术分析还是价值投资，都已经有了一整套值得信赖的投资系统。

投资者已经解决了投资理念的种种问题，开始有了自己独特的投资哲学。

对于技术性的东西，投资者不会太关心，知道只要投资理念正确，即使不看移动平均线、不看均线等技术指标也可以稳定获利。

此时，投资者知道在什么时候可以从容地进场，虽然看不清以后的股市走势到底如何，但是投资者能凭借本能知道，后面一定有机会。

全七段水平的投资者，投资心态基本平静，但偶尔面对行情的剧烈波动还是会有一些起伏，特别是在持有重仓股的时候。

股市八段水平

这个段位的投资者已经觉得在股市中赚钱实在是太容易了。选出能赚钱的股票，对投资者来说是家常便饭，就像一名驾驶老手开车一样，遇到红灯就停、绿灯就行。

选股对投资者来说完全是无意识的，不再需要对着图表精确地定义止损的位置，也不需要拿着笔或计算器去精确计算股票的估值。

大部分达到八段水平的投资者，开始做私募基金或者公募基金的资产管理，因为他已经意识到，没有比股市更赚钱的行业。

股市九段水平

对此段位的投资者来说，赚钱已经不是第一要务。投资者开始大隐隐于市，过上财富自由的生活。此时的投资者在股市投资行业，像"神"一样模糊存在。

他已经做到手中有股，心中无股，偶尔看盘，多数时间在打高尔夫或在太平洋的某个小岛钓鱼。

他从不和别人说起交易的事，因为没有人能明白。当然，最后他也可能成为投资大师，像巴菲特和格雷厄姆一样回报社会，普度众生。

树儿点头说道："明白了，我是第三段位，您是第九段位的水平。"

我连连摆手说道："我希望能够以股市第九段位为目标，以投资大师巴菲特为榜样，努力达到那样的投资境界，任重而道远！"

赚快钱还是长期投资

听我讲完投资者的段位之后，树儿一度陷入了沉默。

直到服务员走进来问我们是否可以点菜，这才打破了沉默。

我们点好菜，树儿终于开了口："你真有耐心，按照你所说的，一只股票坚持投 5 年以上，这没有一点儿耐心可是做不到的！"

关于"价值投资和短线投机究竟孰好孰坏"这个话题，一直存在着极大的争议。长久以来，双方都保持"敌对"的态度，他们试图用各种理论和事例来压倒对方，但均未如愿以偿，最终还是打成了平手。

我忍不住问树儿："价值投资和短线投机，你会选择哪个？"

我解释道："短线投机和价值投资各有优劣，短线投机盈利速度快、风险较大，价值投资时间长，需要有较大的耐心，二者各有存在的理由，各有自己的市场。"

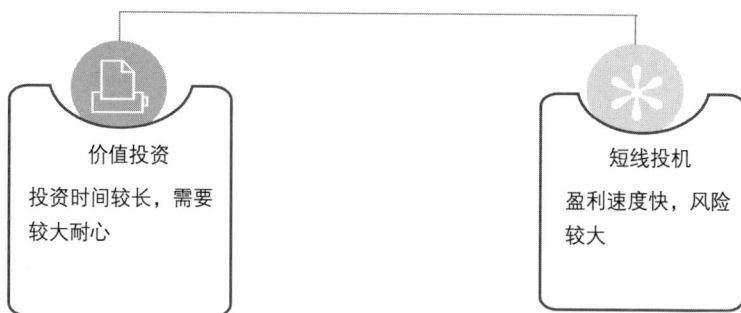

价值投资	短线投机
投资时间较长，需要较大耐心	盈利速度快，风险较大

树儿答道："我在 2008 年熊市亏损之后很多年没敢再进股市，这次好不容易有勇气回来。以目前的情况来看，还是倾向于做短线。你倾向于做价值投资，我在思考是否要转变一下炒股思维。"

的确，长期以来，大家都在争论价值投资和短线投资哪个好，其实我们来股市就是来赚差价的，没有什么高低贵贱之分。

就我个人而言，是从短线投资者逐渐转变成为价值投资者的，并不完全否认做短线，只是更坚信价值投资的理念。

我并不强行要求大家都去做价值投资，毕竟资金是投资者自己的，选择怎样的投资方式需要投资者根据自己的情况和条件作出选择。

如果投资者每天做短线能抓到涨停，那么他就是胜利者；如果投资者觉得选择一个好企业更加靠谱，那么就做长期投资。投资者进入股市的动机最终是赚钱，无论什么投资方式，只要能赚到钱就是好的投资方式。

提到价值投资，不得不提格雷厄姆和巴菲特两位投资大师。

格雷厄姆开创了价值投资理论，他著有《聪明的投资者》一书，被投资者奉为价值投资宝典。

格雷厄姆依靠自己的努力和智慧所创立的证券分析理论影响了一代又一代的投资者。他所培养的一大批弟子，如沃伦·巴菲特、博格、邓普顿等人在华尔街异军突起，成为新一代的投资大师，并延续着格雷厄姆的证券分析学说。

巴菲特曾说自己在19岁时就从格雷厄姆的书中读到了安全边际原则，并且成为格雷厄姆价值投资理论的实践者。同样，在股票投资市场的起伏中翻滚一生的巴菲特感叹道："安全边际原则仍然非常正确，非常有效，永远是投资成功的基石。"作为价值投资理论的拥护者与实践者，巴菲特将价值投资理论继承并发展延续。

据巴菲特的传记介绍，在他的办公室里没有股票交易的行情显示，只有成堆的上市公司的财务报表和分析报告。巴菲特从来不做短线的股票交易，而是青睐于从众多的上市公司中找出最有投资价值的公司，对其进行相对长期的投资。

在巴菲特的投资理念中，我认为最主要的观点有如下两个：

（1）买入便宜的优质股票。在市场恐慌或者市场大跌、极度偏离价值中枢的时候，买入由于被市场非理性抛售而导致价格大跌且优质的股票，巴菲特的代表言论——"别人恐惧我贪婪"。

（2）买入高成长性股票。买入具有超高成长性公司的股票，享受公司长期成长带来的红利，如巴菲特几十年如一日坚定投资可口可乐公司一样。

关于股市投机方面，业内最知名、最具代表性，也是最具争议性的人物当属美国著名的大投机家——杰西·利弗莫尔。他的名字虽然不如巴菲特那样如雷贯耳，但却是短线投机投资者中的传奇人物。

　　杰西·利弗莫尔于 1877 年生在美国，14 岁开始接触股票交易，从一个经纪店里记录行情的小职员成长为当时那个年代最伟大的投资大鳄，一生数次大起大落，最为辉煌的时刻，是在 1929 年美国股市大崩盘时，通过做空赚取 1 亿美元巨额现金。只可惜他最后破产，没有承受住压力开枪自杀，遗憾地结束了其传奇的一生。

　　我们可以看出，这两位股市大咖，都有着极为辉煌的战绩，并且已经无法被其他人超越。这也显示了投机和投资这两种观点，没有哪个能绝对胜出。

　　矛盾和对立，本身就是事物的两个方面。在这一点上，中国古人具有极大的哲学智慧，就如我之前在微博中所说的八卦箱体一样，阴与阳本是对立的两个方面，却能相互转化，对于投资和投机，我认为不能把它们分开来看待。

　　树儿若有所思地说道："即使是巴菲特，在我看来，也有投机的时候，最为典型的例子，就是 2007 年中石油大撤退，记得当年中石油上市前，巴菲特也是主要的推手之一。"

　　的确，作为当时全国最赚钱的公司，为何上市后的表现却呈现完全不同的结果？事物是要看本质的，即使是巴菲特，其投资的根本也是为了盈利。

　　我向树儿解释道："我们不去做道德方面的评判。有一点不能忽视的是，巴菲特的成功，在一定程度上，是在他有生之年，遇到了美国长达几十年的长牛市以及美国这个全球第一大经济体所造就的。"

　　与巴菲特相对的是杰西·利弗莫尔，他在 1929 年选择做空，是因为他在股市崩盘前，看到了经济大萧条，公司未来盈利能力将大幅减弱甚至破产，从而做出对股票价值的重估。如果股价高估了，那么选择做空是正确的。事实证明，杰西·利弗莫尔一战成名的背后，不是没有理由和逻辑。

因而，对于短线投机或者长期投资我不予置评，真正的战法还是要投资者入市之后，总结出适合自己的投资策略。

无论是对于投资还是投机，都不应该有失偏颇，就像在牛市时捂股，收益可能会比短线交易挣得多，而在熊市时，短线交易就体现出其灵活性，因此最为关键的不是捍卫某种投资方式，而是应该根据市场实际情况做出最佳的投资策略。

树儿继续问道："你既然有短线投机的经历，也有长期投资的实践，那么你认为投机和投资各有什么优缺点呢？"

我想了想答道："我先说短线，短线涨跌看似各有 50% 的概率，除非牛市来临，但实际操作起来，短线操作肯定赔多赚少，最后的结果就是欲速则不达。

"长线价值投资的好处就是'认死理'，研究透公司和行业的基本面，深入了解股票真实价值，只要在相对底部区域逐步建仓，耐心等大盘转好和业绩释放，最后盈利是大概率事件。"

"只不过由于价值投资期间时间可能会比较长，大部分人嫌赚钱太慢，这也是价值投资颇受争议的一点。其实好股票只要遇到一个好时机，就会有惊人的涨幅，慢工出细活，时间创造价值。"

我继续说道："在国内做价值投资，最常被人提及的股票应该就是贵州茅台这样的股票，从 2001 年上市到 2017 年贵州茅台股票的涨幅已经超过 70 倍，持有贵州茅台的投资者肯定赚得盆满钵满了。

"我有很多同期做价值投资的好友都说，如果时光可以倒流，如果有重新来过的机会，早在十几年前就会买长线牛股，而不是在短线题材股中跌跌撞撞。因为短线题材股涨得快，跌得也快，个股如果没有什么实质性利好题材，股价跌到多少钱都是有可能的，毕竟估值摆在那里。"

听了我的说法，树儿似乎陷入沉思中。

看到树儿的情绪不高，我引用了布兰德斯的一句名言调节气氛："价值型投资策略能够做到高回报与低风险并存。"

价值投资者能够不惧市场波动，准确判断企业的价值，并在适当的时机以便宜的价格买入。因此，只要能坚持自己的想法，就能在投资中获得长期收益。

格雷厄姆提出价值投资的理念，并对投资始终保持谨慎的态度，力求在承担较低投资风险的前提下，获取较高的投资收益。在具体的实践中，价值投资主要表现为如下优势。

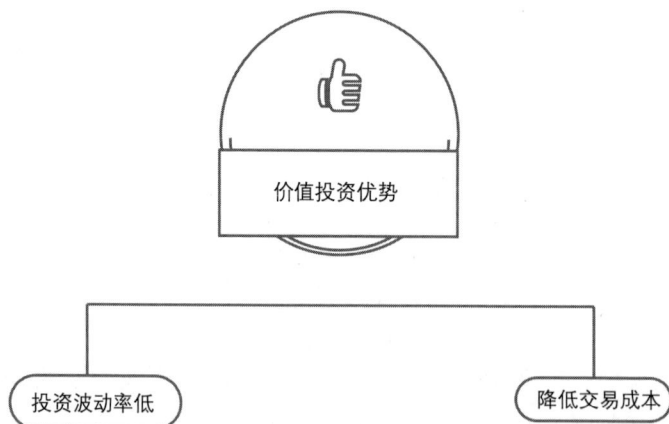

价值投资优势

投资波动率低   降低交易成本

投资波动率低

运用价值投资的理念配置投资组合，关注上市公司的内在价值，注重行业之间的均衡配置，能够在企业价格便宜的时候买入，因此减少了向下波动的幅度。

值得一提的是，不少投资者在买入高波动性的股票后，往往会因难以忍受其向下大幅波动的折磨，在黎明来临之前倒下。

高波动性是投资者的敌人，会动摇投资者长期持股的信心，并带来巨大的压力和痛苦，降低投资者获胜的概率。

降低交易成本

价值投资者倾向于长期投资，追求上市公司自身成长带来的收益，持股时间往往较长，买卖股票的频率相对较低。拉长时间来看，更低的换手率和更长的持股周期，能够使价值投资者节省下一大笔交易成本。

虽然在有效市场理论支持者看来，高回报与高风险并存，追求高回报就要承担高风险，但是在现实中，市场的运行往往既不是充分有效，也不是随机漫步。通过大量投资者的分散决策和集中交易，股市具有价格发现和资源配置的功能。

同时，受人们贪婪和恐惧情绪的影响，股市又会周期性地出现极端行情，具体表现为牛市后期的过大泡沫以及熊市后期的极度低迷。

在中国股市发展风风雨雨的几十年历程中，专注价值投资的专业人士越来越谨慎，但同时普通投资者短线投机的心态不降反增，这在一定程度上加大了股票价格的波动率。投资者需要认识到，价值投资者无法一夜暴富，需要通过长期耐心地持有股票来实现财富增长。

对于价值投资，知易行难，只有经过市场长期考验的合格投资者，才能严守纪律，真正守住价值投资的纪律。尽管 A 股市场风云变幻，但多年来我始终倡导价值投资，坚持自下而上的选股策略，根据自己的能力，对企业进行合理估值，找到适合投资的公司，并且把握安全边际，确保以便宜的价格买入并长期持有，分享公司成长带来的长期收益，努力为自己赚取长期稳定的投资回报。

想做"赢家"要先学"做人"

我见树儿对价值投资的话题不感兴趣，便打算换个话题。

我抿了一口茶，对树儿说道："想要成为真正的人生赢家并非易事。那么多人打破头都想要挤进股市，走上炒股赚钱的道路，但是很多人却连做人都不会。如果没有办法克服人性的弱点，那么，即使再有技法也无法真正获得成功。想要炒股要先学做人。"

起初，我也觉得炒股和做人是风马牛不相及的，但随着深入股市投资，我发现炒股其实是一件十分暴露人性弱点以及本质的事情。

树儿不解地问："此话怎讲？"

我无奈地说道："我热衷于在自己的微博、博客和论坛做一些点评或者发表一些自己的见解，但总是有好事之人来评论区杠上一两句。"

比如在 2007 年前后，那时我刚玩博客不久，某一次在文章中推荐莲花健康（600186）这只股票，股价当天跌了 0.1 元，有网友第二天一早就割了，但结果却是当天拉到涨停，因此该网友就在评论区以污言秽语进行评论，搞得我十分无奈。久而久之，我渐渐不再做股票预测和推荐了。

树儿安慰道："现在网络上的键盘侠确实不少，甚至不了解情况就胡乱指责别人。"

人之初，究竟是性本善，还是性本恶，我不愿争论。但就人本身而言，存在各种各样的优点和缺点。在炒股中，人性本身存在且容易暴露的几个缺点必须要提及。

人具有贪欲的特性

"炒股的人无一不是想要在股市中挣大钱的"的说法应该代表了大多数炒股的投资者的心声。尤其在市场经济环境下，市场中很多投资者的贪欲特征主要表现在：贪得无厌，甚至忘恩负义、不择手段违法敛财。

在炒股中，个别股民将人性贪婪表现得淋漓尽致。其中最典型的行为是，部分投资者自己的账户资金升值已达 20%、50% 甚至 300% 以上，但他们还是不死心、不平仓，抱着挣多了还想再挣更多的心态。

我并不是反对个人投资者挣钱，实际上如果大家有把握能够获利，我倒是很支持大家去投资。但大家想一下，永远赚钱可能吗？永远赚大钱可能吗？投资者首先应该衡量自己的能力范围是什么，普通个人投资者应该正确找准自己在股票市场当中的位置，从认识股市开始。

更多时候，盈利只是一种"初学者运气"，没有一个人会永远不失误，就连巴菲特也无法避免亏损，更何况是普通的个人投资者。国内股市风雨几十年，投资者倾家荡产的例子不胜枚举，许多股民结局往往是以悲剧套牢收场，究其根本原因就是贪性。因此，股民一定要克服的一点就是人性的贪婪。

我对树儿说："我们身在股市当中，应当时刻铭记一句话——知足者常乐，而贪婪者常悲。"

人具有很大的惰性

不少投资者进入股市当中，总有"不劳而获"的心理，这就是人性中的另一缺点——惰性。惰性主要表现在：如果没有生存、竞争压力，人们就容易陷入贪图享乐、不思进取的轻松生活圈中。

在赛场上参与竞赛的运动员，想要在比赛中取得好成绩，就一定要付出流汗、流泪的代价。股市就如同赛场，普通的投资者想要在股市中生存，就必须要克服贪图享乐、不思进取的惰性，要比常人付出百倍的精力，自愿去学习，钻研股市的各种政策、技术、技巧等才有可能最终盈利。

俗话说："功夫不负有心人，一分耕耘，一分收获；种瓜得瓜，种豆得豆。"这句话可用来提醒身处股市的普通投资者，摈弃人性中的惰性，积极学习，不断进步。

人具有一定的投机赌博习性

正如我所说的那样，股票市场中很多个人投资者是"投机者"而非"投资者"，这些人的心理就是赌博心理，是人性中的一大缺点。

赌博习性主要表现在：人们很喜欢赌一把，撞大运、摸大彩，尽管中奖的概率极低，但许多人还是对此乐此不疲，这种现象充分反映了人本身存在的投机赌博习性。当然，人有赌博心理十分正常，这也是赌场、彩票销售、有奖促销等能够经久不衰的原因。

我们在做股票的同时也应当学会适可而止，不能依赖于赌一把、撞大运来提升我们的生活品质。炒股本身存在风险，从某种意义上讲具有一定的投机赌博成分，比如亏损股，它的风险最大，但是一旦扭亏为盈，其股价也会一步登天。

因此，炒亏损股就带有很大的投机赌博性质。这也是亏损股的股价有时比业绩好的股价炒得还高的原因之一。但我们绝不能靠投机赌博去买卖股票，投资者最关键的还是要多学习、多实践，甚至只有经历亏损才能够及时总结经验教训，做到"与市俱进"。

人具有一定的依赖性

我身边就有不少参与股票投资的朋友整天都在跟随所谓的"高手推荐"买卖自己的股票，仿佛炒股高手所说的一切都是对的。这样的朋友久而久之就会失去判断能力，这也正是炒股过程中容易暴露的人性缺点——依赖性。

依赖性的主要表现为：做事缺少主见，希望他人指点迷津，坐享其成。

树儿说道："的确如此，我其实就很喜欢听一些股评、预测，越听越觉得有道理，然后就跟着买。我身边大部分炒股的朋友也都如此，买卖股票主要靠打听消息和股评，自己的分析很少。"

虽然及时与他人沟通交流信息，听股评是有必要的，但过分依赖别人不现实。试想一下，有哪些大咖愿意无私分享呢？如果有这样赚钱的好机会为什么不自己挣大钱呢？股评说错的比说对的多，各种小道消息五花八门，因此，投资者炒股时还是要克服依赖性，有自己的主见。

人具有一定的涣散习性

没有纪律性在炒股中也是一大禁忌，不少投资者在炒股时往往行动随意，自我性较强，而且投资过于分散，这就体现了人性中的另一大缺点——涣散习性。

在炒股中，投资者独来独往，此时的涣散习性暴露无遗。缺少了纪律的管束和他人的监督，买卖股票可以为所欲为、自由自在，但此时隐患也应运而生。

很多投资者在股市征战多年却没有收获，甚至无法选择自己最擅长的行业，主要原因是其没有为自己制定买卖股票的纪律，或者说即使有了纪律，由于没有监督，没有自觉执行，结果只能是功亏一篑。

因此，投资者必须克服人的涣散习性，在炒股中一定要制定盈利目标，止损边界。其中最为重要的一点就是，执行必严，自我监督。

情绪不稳定，大喜大悲

很多投资者情绪管理能力非常差：在炒股过程中一旦赚钱了就眉飞色舞、喜形于色，达到忘乎所以的地步，逢人就炫耀自己的战果；一旦遇到下跌甚至跌停，就会寝食难安、愁眉不展，逢人就抱怨两句，整日怨天尤人。

例如，我身边有很多朋友炒股盈利后，就猛吃一顿，逢人就吹嘘自己的业绩，而炒股失败后，情绪一落千丈，对自己的亲人和周围的同事发无名火，遇到股友，则无休止地唠唠叨叨。

这些失败的投资者从不总结失败的教训，更不主动从自身寻找失败的原因，不做自我批评，而是指责他人，将失败的原因全部归咎于股评、政策、庄家等。

作为一个股民，一定要克服"情绪不稳定"的陋习，炒股不管盈亏，最好不要逢人唠叨，要不动声色，处之泰然。要赢得起，输得起。尤其亏损时，要从自身查找原因，多做自我批评，自我反思，不能把责任都归咎于他人。

其实，除了上述表现较为突出的"炒股中人性六种缺点"，人还有其他缺点，投资者尤其是个人投资者如果不注意约束、克服这些缺点，则对自己终身炒股非常不利。

实际上，炒股也是投资者发现自己人性缺点的一个过程，找到自身的缺点然后逐一克服，不断提高自己做人的修养。

当然，炒股的心态也要放平，遇到任何情况都应理性面对，可以说炒股就是"炒人性"。因此，我提出了要学炒股，先学做人的说法。

```
                            ┌── [X]  如果炒股业绩不断提高，则说明
                            │        为人水平有所提升
┌────────┐                  │
│  炒股   │────0──────┤
│  水平   │                  │
└────────┘                  │
                            └── [X]  如果炒股水平徘徊不前，则说明
                                     还需要克服缺点
```

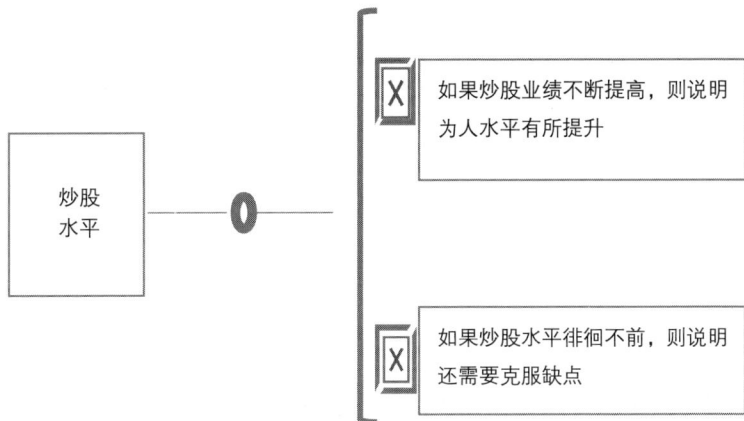

树儿忍不住问道："你总结得很对，我也是经常忽喜忽悲，患得患失，情绪受股市的影响非常大，我现在重新回股市算是半个新人，学会了做人的道理，那么炒股时，有什么纪律需要遵守呢？"

我想了想，答道："个人投资者开户都是为了赚钱，而不是为了支援股市建设。没有必要想太多，不要给自己设立过于宏大的理想是很重要的，在这里有'股市 7 条军规'，你可以参考一下。"

（1）不要盲从股评。试想一下，如果他们真能说对明天哪只股票涨停，那么股评老师还有必要从事股评这份"很有前途的职业"吗？作为普通投资者，你只需要踏踏实实地研究行业排名与每股收益，从中"发现"上市公司的投资价值。

（2）要时时补课。如果你不知道上市公司每年什么时候发布年报、什么时候召开股东大会决定分红，唯一的办法就是赶紧补课，因为这些信息的变化意味着股市行情将会发生变动。

（3）不要期望收益过高。如果你的目标收益是 10%，那么这很容易做到；如果你的目标是让自己的股票价格翻一番，那么你最好清醒一下。

因为近年来，在中国股市中打算翻一番的人，一般的结果是赔得一塌糊涂，而真正翻了一番的人，在入市时并没有奢望赚很多钱。

（4）同时关注的股票不超过 30 只。人的精力是十分有限的，更何况炒股需要了解各个行业和领域，如果新股民一次性关注太多股票，那么无法做到"精准"，同时也十分浪费时间与精力。

（5）不要重仓一只买股票。无论这只股票的价格今天跌了多少，都不要把你全部的钱一次投入。因为你永远不知道，明天股价是不是会继续下跌。坐以待毙的感觉绝对是新股民最不幸的开端。

（6）账户上保持有 40% 仓位的现金。这是你应付突如其来的股市暴跌时唯一的弹药。没有这些弹药，暴跌时你只能束手无策。

（7）独立承担责任，不找别人说事。从你决心成为股民的那一刻起，勇于承担责任就是你的义务，亏了不要怪他人，因为你赚钱的时候从来没有想过感谢他们。

为何个人投资者总是不赚钱

说到这里，树儿不禁感叹道："我觉得个人投资者想要生存并非易事。为什么受伤害最大的往往都是个人投资者呢？我们的投入其实并不算大，但为什么一赔到底的都是个人投资者？"

我笑着说道："你傻啊，你仔细想一想，一个基金产品 1 亿元资金，每月换手率和交易额可能是零，某机构如果 2017 年年初 2,700 点（上证指数）附近就已经把股票布局好，而且把仓位加到位，那么 2018 年已经盈利千万元级别。同样的道理，一个投资者有 200 万元资金，每月成交量 2,000 万元，换手率为 10，一年总成交量超过 1 亿元，8 个月追涨下跌下来，没有赚钱。这就是个人投资者和机构的区别。"

实际上在股市当中真正赚大钱的人寥寥无几，其根源就是此前提到的"人性的弱点"，在底部敢于买入就需要克服市场的恐惧，这时，只有极少数懂得、能够看透企业价值的人才敢于重仓抄底，正因如此，很多人都说"价值投资"是反人性的。

投资者的从众、恐惧、贪婪都是人性使然。投资者想要在股市中长期赚钱，必须战胜人性，其实是需要战胜自己。人性是人的本性，而要成为一个理性的投资人，必须努力突破自我。

在当前股市中，很多个人投资者自我感觉十分良好。我身边也有不少炒股的好友，看过几本书，看过几次访谈，或者赚过一点小钱就自认自己是高手。但实际上，这种只知皮毛的人都喜欢高估自己，这并不是什么好的事情。

作为个人投资者，有时候需要审视自我是否过于自信，很多人的失败源于对未来斩钉截铁般的预测。即使是巴菲特，也在不断学习、调整自己的投资策略，更何况是普通个人投资者？

一般来说，大部分人都是厌恶风险的，因此存在损失厌恶这个专有名词。

举一个简单的例子：在路上丢 100 元的痛苦永远比捡到 100 元的快乐更长久，更加让人记忆深刻。与之相对应的，经济学中有一个词语叫沉没成本，沉没成本是指无法回收的成本支出，如因失误造成的不可收回的投资等。经济学家认为这个成本一旦产生，就会彻底失去，这也恰恰说明聪明的投资者不应该纠结在沉没成本当中。

但是，事与愿违，更多的投资者只会纠结于过去的痛苦，反复懊恼，最终无法继续稳步前行。

我问树儿："你有没有过这样的经历，本来和朋友在聊一个很轻松的话题，经过几轮争论之后，你突然和聊天的朋友有了不同的立场，于是争得面红耳赤。本来你们只是在讨论一个无足轻重的问题，在争论前你的立场并没有如此坚定。"

树儿听了连连点头说:"说得没错,人很多时候都有这种莫名其妙的'逆反'心理。如果和自己观点不同的人争论,那么你就很想证明自己的看法是正确的,此时就很容易陷入无休止的争端。"

没错,人容易因为争论而钻牛角尖。

在股市进行股票投资难免会面对不同的预测和判断因而产生不同的观点,还有很多投资者经常会看一些股票评论员的评论,甚至会和身边的朋友或同事争论自己购买股票的观念,实际上这样一来就很容易钻牛角尖。其实,在我看来,投资者要经常反复询问自己以下两个问题。

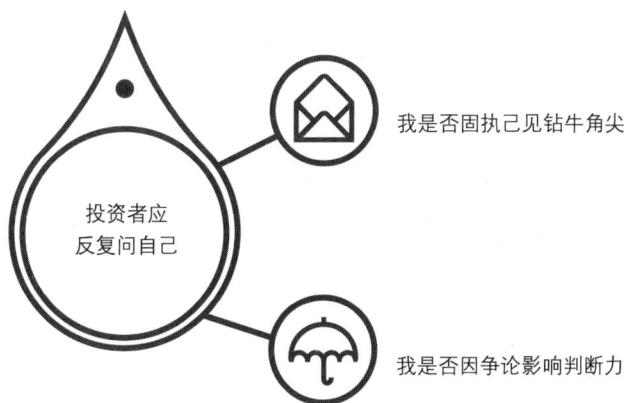

投资者应
反复问自己

我是否固执己见钻牛角尖

我是否因争论影响判断力

投资没有完美的理论。

俗话说"一千个读者心中有一千个哈姆雷特",投资股票也是一样,炒股没有完美的答案,否则人人都可以赚钱。投资者需要时刻注意自己是否主观上被外界误导,钻了牛角尖。

如果说技术分析最大的敌人就是自己无法战胜人性,那么价值投资最大的敌人是谁？答案是反馈缺乏，因为投资者对所持有股票的信息缺乏反馈，导致无法做出正确的买入和卖出决策。

大多数人无法将价值投资进行到底，无法将好股票坚持持有下去，原因很简单，就是缺乏反馈。在漫长的一段时间内无法获得反馈会使得价值投资者压力大增，尤其是当他们听说有人通过某种技术短时间内赚到不少钱。

作为价值投资者，可以通过股市技术指标了解市场与人性，虽然投资者不一定按照技术操作，但是技术较之于投资，承认股票是一种人性形成市场情绪的结果。

当有人在同一价位一致性地看多时，股价自然会升高，但是价值投资者一般坚信水池里的水不会无故多起来，这边水满，那边一定降低水位，而且水涨起来多少，未来还是会同样落下去。

我坚持价值投资，亦赞赏技术分析，二者不是水火不容，而是可以相互弥补对方的劣势、组合使用，将优势互补，仅仅使用技术的投资者在股市剧烈动荡时往往产生恐惧心理，而价值投资者则能够稳如泰山。

不过，由于技术分析更符合人性，所以投机者和趋势投机者永远是大多数。技术分析的本质是投资者对市场涨跌的反馈，比如在一个支撑位，可能会有一波或大或小的反弹，因为这个阶段有人一致性买入，虽然最终没能支撑起股价，但是股民已经看到了这神奇的一幕，可能就会想办法让自己的成功率更高。

股市的总水量一定，赚钱的挣得是亏了钱的，只要比亏损的人更坚决更快地介入即可。于是就出现了一致性现象，也就出现了博弈双方，2017

年很多股票出一个利空就涨一波，这就是趋势玩到后期出现了反向投资者。

因此，技术也好，趋势也好，都是资金多的一方吃掉资金少的一方，这就是股市很久以来的主力思维。

"虽然大家都说自己是理性的，但人总是在理性和感性之间摇摆不定，个人投资者更容易受到股市风吹草动的影响，这也是个人投资者在市场中很难赚到钱的原因。"我对树儿说道。

规划投资蓝图，铺好投资之路

此时，恰好服务员端上了"下饭菜"。

树儿看着桌上逐渐丰富的菜肴，问道："像你这样转型成为价值投资者需要多高的门槛？是不是只有钱多的人才能玩价值投资？"

我沉默了，相信有很多投资者都会产生如同树儿这样的疑问。

我自然也听到过更多反驳价值投资观念的声音，其中最多的就是"有钱当然可以进行价值投资慢慢赚钱，本金少的投资者第一年想要赚钱，只能靠高抛低吸。"

这话说得也不无道理，其实不光是投资，对于生活中的很多事情大家都有这样的逻辑："等我有钱了，我就去做个小生意""等我闲了，我也天天健身""等我有房有车了，我就无忧无虑了"。同理，"等我有钱了，再做价值投资也不迟"。

然而，现实往往是残酷的，有些人即使有钱也做不好生意，往往赔本收场；有些人即使有时间也不去健身，因为懒惰；有些人即使有房有车也无法做到无忧无虑，因为家事繁杂。同理，有些人即使有钱也照样追涨杀跌无法进行价值投资，因为没有形成价值投资观念。

实际上，上述逻辑是一种"起点思维"，投资者总希望自己起点高，能赢在起跑线上。

对于投资来说，投资者千万不要以为拥有大资金才能玩价值投资，实际上很多亏钱跳楼的基本是玩大资金的，如果亏个几千几万元那么谁会想不开啊！当投资者只有10万元资金时，就会觉得玩价值投资没意思，希望快速赚到100万元，实际上那些有100万元的人也觉得没意思，他们想快速赚到1,000万元。

其缘由就在于对比的阶层不一样：拥有10万元的人，其朋友基本和他财富差不多，他想快速超越朋友才能找到成就感；而拥有100万元的人，其朋友圈子基本也和他境况差不多，他便想快速赚到1,000万元，其实就是为了成就感。说到底，想要快速赚钱的投资者大都怀有一颗虚荣心——证明自己的经济实力。

我转型之后经历价值投资有十多年的历程了，就我个人多年的价值投资经验来看，对于价值投资来说，钱多一点当然更好，但不是钱多的人就能玩转"价值投资"，因为每个人的起点不一样。

10万元的小资金，20%多的收益	→	10年后就是10倍，10万元就变成100万元	→	相当于每年多赚了10万元

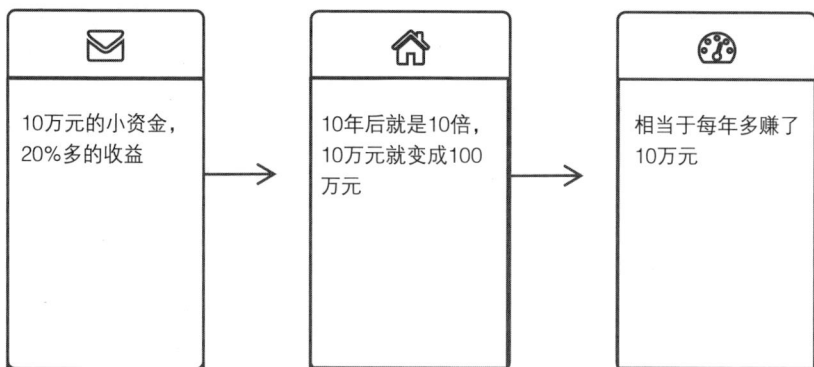

要知道，财富的积累是一个过程，心急永远吃不到热豆腐，只要有耐心，总是会赚到钱的。

股市投资是一条艰难的道路，股市风云变幻，投资者只有保持一颗初心，才能够在股市跌宕起伏中获得成功。

价值投资更多的是一种思维方式，一种做事方式。就像人生，无论起点在哪里，都要找到方向，一步步往前走，不要急着看到结果，因为结果往往就是终点。

我对树儿说："年轻时太在意起点，经过股市历练之后，我目前更在意过程，等以后老了，回头看一下起点，看走了多远，如果能笑到最后，也就不负此生了。"

如果说股票投资是一条崎岖之路，那么价值投资就像是路途中的茗茶，苦若生命，甜似真情，淡如清风。投资者只有在成长的过程不断寻找，不断历练，不断感悟，才能做到百炼成钢，心如止水。

第二章

撬动股市之术

在十多年的股市生涯中，如果说我有什么经验可以总结的话，那么就是，做正确的决策是在股市中赚钱的关键，要想做出正确的投资决策，就必须"依靠能力而非意志做出决定"，而这个能力就是会什么功夫。

我一边吃菜一边对树儿说道："投资者要承认自己的局限性，做不到就是做不到。没有任何办法能够做到。至于，将来能做到，将来再去谈将来的。现在股市中亏钱最多的股民是2007—2009年进股市的人，他们也算是老股民了。即使是2000年以前入市的老股民，现在亏得仍大有人在。

撬动股市要有功夫

"投资者在做股票时应该反省自己会什么功夫，在股市中，投资者应该学 3 门功夫。"我对树儿说道。

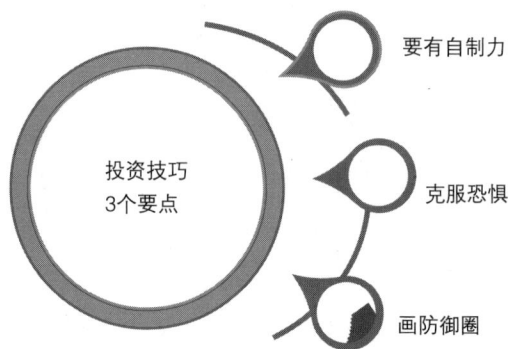

第 1 招：要有自制力

股票投资对个体投资者来说，是一种相对自由的投资行为，因为没有人对投资者进行监督、管理和限制，很多投资的环节都是靠投资者自己的决策来实施的。

自制力是投资者追求长期稳定收益的必备心理因素。

投资者的情绪往往会伴随股市的涨跌而起伏，股市的涨跌起伏关系着投资者的切身利益，在投资的过程中，市场的大环境氛围、利好消息以及利空消息等影响因素，都有可能导致投资者失去自制力，例如，在大盘剧烈动荡的时候盲目听取消息、选股操作、买卖股票，股价已经到了设定的止损止盈的位置的时候却不执行，等等。出现这种行为，说明投资者欠缺的就是自制力。最终会导致失误的出现。

在股市的投资过程中，投资者培养与控制其自制力显得尤为重要。优秀的投资者必备的素质之一就是自我控制能力，在面对市场各种诱惑的时候，自制力可以促使投资者非常理智地设计交易策略，并且顺利实现投资目标。

第2招: 克服恐惧

恐惧会误导投资者的判断，会使其心态失去平衡，进而不能很好地做出分析判断，而此时错误的判断将导致更大的损失。要知道，出现任何走势都是可能的，出现任何走势都需要自己去面对。

投资者要想成功地在股票交易中驰骋，一定要避免主观思考股票价值，要真正做到客观地看待股票信息，做到不恐惧，更不能过分幻想股票的价值。

树儿突然问道："克服恐惧、克服贪婪，这是老生常谈的话题，说起来容易，做起来难。在交易时，难免会恐惧，买入时怕买错了，犹豫不敢买，下跌时怕被套着急卖出。"

我赞同道："恐惧和贪婪是人的天性，恐惧的情绪是无法根本消除的，但是可以用理性的心智把恐惧降到最低。驾驭恐惧首先要了解投资者为什么会有恐惧心理。"

在面对股市涨跌的时候，投资者都是根据自己以往的经历来判断和分析的。过去投资的痛苦经历会给投资者留下深刻的恐惧心理，投资者即会保护自己不再经历过去的痛苦。往往在这个过程中，投资者无意识地改变了自己过去对股市的一些感觉和行为。

在过往的投资经历中，一旦投资者根据自己的交易机制，在买入信号出现的时候操作却赔了钱，那么当另一只股票出现了相同的买入信号时，投资者自然就会犹豫，因为"一朝被蛇咬，十年怕井绳"，投资者恐惧会出现再次赔钱的情况。

恐惧导致投资者不敢再进场交易，往往眼看着股价上涨，却无可奈何。一旦股票价格继续攀升，到了一定幅度之后，风险更会随之增大。此时，投资者再次因为恐惧，害怕此时进场风险大了，赚钱的概率小了，就会更抵触追买，于是只能干瞪眼，看着一个绝佳的赚钱机会从眼前溜走。

恐惧大大影响了投资者的判断力，使其不能在上涨的股市中大显身手。

树儿说道："确实是'一朝被蛇咬，十年怕井绳'。即使知道了恐惧心理的来源，似乎也毫无办法降低恐惧的影响。"

我说道："可以用一些小技巧克服恐惧心理。只要投资者在进行股票投资的时候，将每一次股票投资都当成一次独立的投资过程，要确定它和之前的任何一次交易都毫无关系，跟未来的每一次交易也都没有任何关联。"

树儿拍手笑笑说："投资者要做到自我约束与自我控制，不被以往的失败经历影响。如果一直保持头脑冷静，就能客观、理性地分析市场的行情，严格按照自己的交易系统来操作，那么投资者最后一定可以胜利。"

第3招：画防御圈

假想自己有一个金箍棒，用这个金箍棒画一个防御圈，用来保护所投资的资金，在自己的能力范围内，做投资组合，并且适当集中投资，不要到处撒网。

投资是一门选择的艺术，说到底是一种人生艺术。一个人要学会放弃，放弃超过自己能力范围的股票；一个人也要学会选择，选择能看懂的企业。该放弃的时候坚决放弃，这便是价值投资最好的选择。如果没有果敢的放弃，就没有辉煌的选择；与其在不懂的股票中苦苦煎熬，不如潇洒地挥手；与其拼得头破血流，不如勇敢地选择放弃。

古希腊谚语说："不要两次掉进同一条河流。"投资是吃一堑，长一智，不要重复同样的错误。路从来没有笔直的。

爱因斯坦曾说："人的最高本领是适应客观条件的能力。"达尔文说得更透彻："适者生存。"他们所说的"适"，就是适应、顺应，用通俗的话说，就是"曲达"。股市下跌是投资者持有过程的一部分，不走这段弯路，则上涨的那条路也错过了，就像登山，不爬山固然不辛苦，但是也看不到山上的风景。

转变投资思路和投资理念

树儿问我："投资思路和投资理念的转变应该很困难吧？你在转变的过程中有没有感到十分痛苦呢？"

这时服务生端上了一道菜——红烧狮子头。我对树儿说："你尝尝这道菜，是这里的特色菜。"

树儿面露难色，说："我一直不喜欢吃狮子头，我虽然没有尝过，但是感觉不好吃。"

我认真地说："那是因为你从来没有尝试过，你不尝一尝怎么知道自己不喜欢吃红烧狮子头呢？"

听了我的话，树儿犹豫了一下，伸出筷子夹了一块放进嘴里，脸上瞬间露出了惊喜的表情，又忍不住多吃了几口，竖起了大拇指："我之前觉得狮子头只是普通的肉丸，没有想到口感这么好！我怎么现在才发现狮子头这么好吃啊！"

我笑了，说道："你看，你吃菜就跟在炒股中转变投资理念一样。也许几十年来你一直觉得狮子头不好吃，但是一旦发现这道菜肴的美味，就会对它欲罢不能。"

投资大师芒格曾经说过："40 岁之前，没有真正的价值投资者。"这句话过于绝对，对此我不予置否，但是的的确确我身边大多数奉行价值投资的人基本上年纪都不小了，年轻人做价值投资的少之又少。

这也让我想起了在投资理念上的转变。年轻气盛的时候总想着能快速赚钱，刚进入股市的时候无一例外是技术流派，整日研究 K 线，追涨杀跌，跌跌撞撞很多年过去了，直到自己成家立业，肩负了更多的责任，拥有了更多的社会经验，阅读了更多的书籍，积累了更多的知识之后，回顾自己的炒股之路发现不仅没有赚到钱，反而疲惫不堪，这才痛定思痛，逐渐转变为价值派，开始懂得买入优质公司，开始耐心地长期持有，最终情形慢慢好起来。

可以说，就我个人经历而言，从技术派到价值派的转变，是思想的转变，也是人生的转变。很多时候，这个转变通常要花 10 年、20 年，甚至 30 年，但是一旦转变之后就会发现之前几十年学的东西，花的时间，都白费了，其唯一的价值就是让你彻底明白了，其根本没有价值，一切都得从头再来。

树儿突然比喻道："我明白，这就像武侠小说里面的某些绝世武功，在练之前要忘掉以前的功夫，一切归零。"

我点头说："像，也不像。在武侠小说中，往往废掉之前的功夫，如果没有高人渡内功，就得重修几十年，但是将投资思维转变为价值投资则不一样。价值投资就是一个观念的转变，就是一瞬间的事情，然而没有一定的人生沉淀，很难完成这一瞬间的转变。"

遗憾的是，当部分人将观念转变过来的时候，年纪都很大了，而价值投资是一个漫长的过程，是以 10 年为单位的财富积累过程。当你年纪很大的时候，还有几个 10 年？

"我总是在想，想要做价值投资，真是越早越好。但是，所有的经历都要自己一步一步走过来才能够有更深的体会，我又何尝不是从 4 个阶段走过来，最终坚持做价值投资的呢？"

相信不是所有人都能够从一开始就坚持做价值投资，更多个人投资者都是经历了股市的 4 个阶段，坚持下来并最终成长起来的。

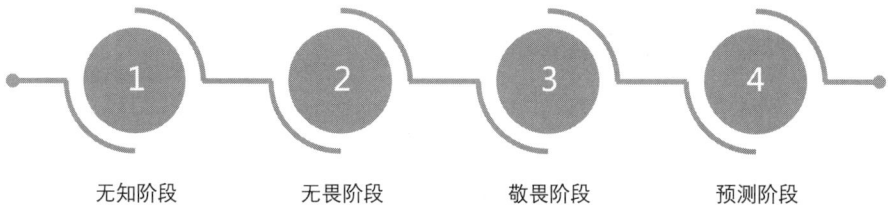

| ① 无知阶段 | ② 无畏阶段 | ③ 敬畏阶段 | ④ 预测阶段 |

第一阶段：无知阶段

大部分新手投资者刚进入股市时，总会经历一个无知阶段，病急乱投医。这个阶段的投资者对资本市场的了解甚少，甚至不懂 PE、PEG、PS，不会看财务报表，还有可能在市场波动中碰到熊市成为被割的"韭菜"。

运气好一点的投资者可能会在牛市中赚到第一桶金。不过，投资者一般在这个阶段衡量自己的水平，也不大敢轻易下重注，这样即使亏损也不会有太大影响。

第二阶段: 无畏阶段

处在这一阶段的投资者已经学习了一定的投资知识，对财务报表也十分熟悉，拥有自己的一套投资体系，也会跟踪市场上重要的基金公司的投资方向。很多人认为处于这一阶段的投资者是赚钱最多的。在牛市也许如此，但是一旦遇到熊市，无畏阶段的投资者最容易损失惨重。

因为这个阶段的投资者很多时候以为手里的股票是精挑细选筛过的，个个都是"金元宝"，下跌是被市场误杀了，由于过分的自信而无视下跌的趋势，也无视市场的风格转换，坚信最了解公司，是理智清醒的，一定会迎来"金子闪耀光芒的那一刻"，结果当然是越套越深。

我在投资的过程中曾经在这一阶段吃过亏，也庆幸自己从几个公司中及时止损出局了。这个阶段的投资者经常举例某某投资大师逆向思维成功，长线价值投资成功，可是从来没有意识到有多少大师抄底失败。

实际上，个人投资者无论是从对行业的判断还是对企业的调研方面都无法达到大师的深度，在投资理念方面达不到大师的高度，很容易因自己的狂妄自大而遭受严重损失。

第三阶段: 敬畏阶段

经历了上一阶段的无畏，经历了牛市的疯狂和熊市的折磨，投资者会逐渐沉下心来，进入下一阶段，也就是对市场的敬畏阶段。处在这一阶段的投资者开始清醒认识到自己的渺小，并且开始理解需长期持有哪类行业、哪种公司，也知道对哪些行业只能进行波段操作。

敬畏阶段的投资者开始逐渐沉下心来，寻找价值投资的方向，开始锁定自己的能力圈，不是自己长期跟踪的行业不参与，不是自己深入研究的企业不投资，懂得了"有所为，有所不为"，知道了"投资不在于赚得多，而在于长期赚钱不亏损"。

敬畏阶段的投资者开始尊重市场，对投资的行业不断学习，对企业的基本面不断研究，不停挖掘机会和风险。即使这样仍然谨小慎微，等待进入价值区间建立底仓。根据趋势形成加仓。发现行情与自己的判断不符，先减仓；发现自己的判断与市场逻辑不符，坚决清仓，顺势而为。

第四阶段：预测阶段

预测阶段的投资者能够预测到将来产业发展的方向，也能抓住产业转折的机会。这个阶段属于勤于学习和不停调研的专业投资者，当然，不是所有的投资者都可以达到这一阶段。

我虽然从事价值投资已有十几年时间，但仍旧不敢说自己已经达到了这一阶段，对于行业中的大师，我还是仰望且敬佩的。

常言道"知人者智，自知者明"，股市是真金白银搏杀的战场，欺骗和自大都只会害了自己。

巴菲特之所以如此成功，有一个重要的原因就是他悟得早而且提前经历了价值投资的4个阶段。众所周知，巴菲特从二十多岁就开始积累财富，一直到现在快90岁了还没有停止。我也是一样，虽然现在还不算老，投资做得也谈不上有多么成功，但是既然把价值投资作为一辈子的方向，就需要为之努力。

从20岁就开始积累财富和从50岁开始积累有着天壤之别，20岁的人不可能有耐心慢慢积累。世上之事就是这样，年轻人有足够的时间慢慢变富，却总想一夜暴富，等到老了，明白了人生不易，明白天下没有随便成功的事情，想踏踏实实地做点事情，却已经没有太多时间了。

我身边有不少年轻人总会为自己的急功近利找到借口，比如"我起点低，我本金少""我要结婚，我要买房，所以我等不起"。其实真正等不起的是年纪大的人，他们即使什么条件都比年轻人要好，时间却没有年轻人那么多，但是价值投资者仍旧可以耐心等待。

正是因为经历多了，才会明白一个最浅显的道理：慢慢等待，总有机会看到结果，而急功近利，很可能永远看不到结果。

做价值投资的人并不是因为资金多、知识丰富，更多的是因为他们经历的风雨多，明白了很多原本浅显的道理。

人性急功近利，价值投资耐心守候；人性朝秦暮楚，价值投资坚如磐石；人性贪多无厌，价值投资"弱水三千只取一瓢"，人性随波逐流，价值投资孤独前行。所有的这一切，都需要对世界、对社会、对自己有深刻的理解才能渐渐明白。

树儿似懂非懂地点头说："股票入门者栽几个跟头才能够明白价值投资的重要性，在我这个小白看来，价值投资除了思维转换困难，最难得的在于坚持，以我现在的定力怕是做不到，有什么方法可以让自己有定力呢？"

价值投资者如何让自己有定力，我认为读财报和研究财报是一个不错的方法，投资者若在财报披露前先对这家公司众多财务指标进行预判，然后得出预计数据。当财报到手时，投资者看一下预计的偏差，是否符合预期，如果不符合预期，那么分析原因到底出在哪里。

这样于投资者的投资判断，就有一个很好的反馈。投资者也会对自己投资的公司越来越有自信。我并不否定技术投资和趋势投资，但我认为，最终能够在市场中生存下来并且赢得胜利的还是价值投资者。

我语重心长地对树儿说："如果你战胜不了自己的人性怎么办？答案是要么通过学习改变自己，要么寻找到能改变自己投资理念的人。转变投资思路以及投资理念是一件十分重要的事情。即使你现在做不到也没关系，一步一步来，总有一天你会明白我所说的意思。"

对价值投资的误读

说到投资观念的转变，树儿告诉我，除我之外，他还有很多做"价值投资"的朋友。"很多朋友都说自己拿到了牛股，但是没拿住，涨了一些感觉见顶就跑掉了。"树儿这样说道。

我反问树儿："你确定你的朋友是价值投资者而不是价值投机者？"

树儿不解地问："我朋友是买企业估值低价股，持有时间也挺长的，而且买的很多股票都是白马股或蓝筹股，只是见顶就会离场，怎么不算价值投资者呢？"

从树儿的说法中，我猛然发觉，对于价值投资，树儿的理解非常片面，应该说有很多人都和树儿一样，对价值投资或多或少存在一些误读。

我摇摇头说道："在我看来，由于对企业的估值需要模糊的正确，加以市场情绪更是难以评估，投资者只需要对企业的内在价值有基本的判断，并不需要精确地抄底逃顶，你朋友有抄底逃顶的行为就恰恰证明他不是一个坚定的价值投资者，或者说可以称他为价值投机者。"

首先，给企业估值本身就是一件偏"艺术"的活儿，一个企业客观上到底该值多少钱，是难以精确定价的，何况企业对应的股价是市场中千千万万的投资者在某个时刻达成的共识，市场定价机制之复杂，没有人能够准确预测。

但是，投资的成功不依赖于"精确的定价"，更加不依赖于"买最低价的股票"。巴菲特自1989年在美国地产泡沫破灭后开始建仓富国银行，被"套"了3年，2008年金融危机买入高盛，也曾被"套"超过20%，但这两笔投资事后都为巴菲特赚取了大笔的财富，为什么？

巴菲特有一句话让我记忆犹新："我的确不知道高盛明天的股价，也不知道它下个月的股价，我唯一确信的是3年之后的高盛一定比现在好。"在我看来，巴菲特的这一段话才是一个投资者正确的思维方式：站在企业长期经营的角度而不是股价短期波动的角度看问题。

其次，给企业估值，要摒弃猜"底"，而要建立"风险收益比"的思维方式。谁都想买在底部然后赚钱，但那是不可能的。其一，底部是瞬间产生的，事先谁也不知道底部在哪里，其二，如果不了解企业，就算买在底部也未必能够拿得住赚到的钱。在了解企业和尊重市场波动的前提下，"风险收益比"可以为我们提供较好的买入优质企业的安全边际。

最后，所谓安全边际并不是指几毛钱的差价，而更多的是指企业优秀的价值预期。一次成功的股票投资，主要部分一定不是靠市场"跌"出来的，而是靠企业"长"出来的。时间是优秀企业的朋友，只要给优秀企业以时间，其不断积累的盈利和不断增强的竞争优势最终会带动股价的上涨。因此，每当谈到安全边际，我最终还是会回到那个最根本的问题：你对企业的了解有多少?

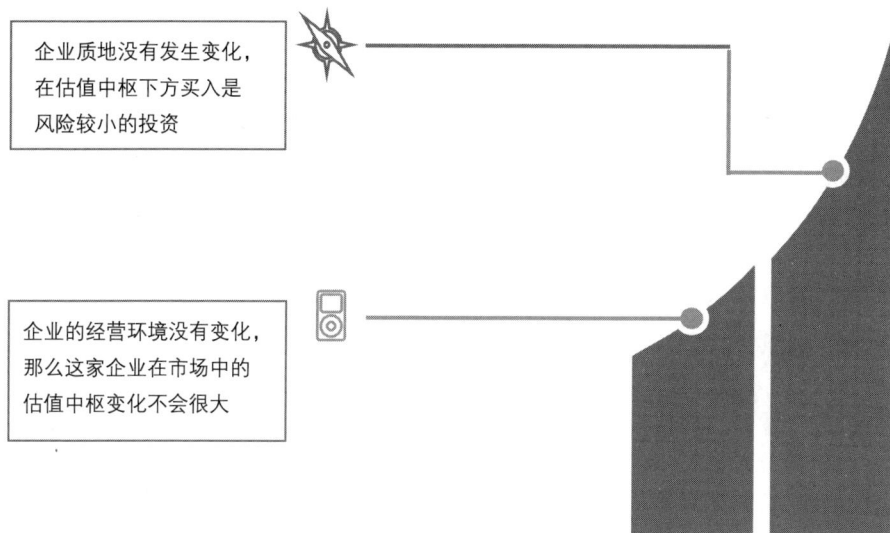

企业质地没有发生变化，在估值中枢下方买入是风险较小的投资

企业的经营环境没有变化，那么这家企业在市场中的估值中枢变化不会很大

树儿喝了一口水，急切地说道："确实我对企业不太了解，我看是蓝筹股，比较保险，就买入持有了，有的股票持股已经超过 5 个月，甚至已经长达 3 年，却始终没有赚钱，这让我产生了一种错觉：长期投资就是一个骗局。"

我哑然苦笑。和树儿状况差不多的投资者有很多，他们每天通过微博向我咨询同类的问题。

价值投资从根本上来说是股权投资思维，即把自己当做公司的大股东来进行投资。因此，时间这个要素对价值投资者来说是必不可少和难能可贵的。因为我们必须客观承认事物都是呈螺旋上升的发展态势，线性上升绝对难以为继。随着时间因子的加入，就让我们尽可能忽略其中微小的波动从而收获最终的胜利。并且，时间产生的复利效应将大大超越投资者小聪明式的投机。

同时，我反复对树儿说道："并不是长期持有就能够证明是价值投资，往往很多时候长期持有并不是有信念的自主持有，但是仍然有很多投资者片面地将二者画上等号，从而产生误解。

"很多投资者都以为一旦自己购买了某一只或者几只股票，一动不动放在那里任凭它涨跌就是价值投资。其实不然，如果投资者不小心选错了股票，即使长期持有再久也是无济于事的。如果投资者所拥有的股票本身并没有价值，或者说始终无法达到安全边际，那么此时长期持有只会使自己损失惨重，越陷越深。"

也就是说，价值投资是指长期投资，长期投资未必能够代表价值投资。

树儿沮丧地说："有一段时间，我坚持买蓝筹股，结果没赚钱，原来都是坑。"

其实，不只树儿的朋友有如此的误解，很多所谓的投资者也都片面地认为价值投资就是买白马股、蓝筹股。大体方向上虽然没有错，但是在股市实战当中却不能这样片面理解。

所谓白马股就是指信息比较公开，上市年头比较长（上市 5 年以上），而且长期业绩优质的股票。国内市场中白马股有伊利牛奶、格力电器、美的电器、平安保险、招商银行等。但是，如果你以很高的价格买入上述股票，那么也许到目前为止收益并非特别理想。举一个简单的例子，2007 年，在中国平安、招商银行的最高点买入持有至今尽管也是赚钱的，但是年化收益率并不理想。

买蓝筹股也是同样的道理，所谓蓝筹股是指具有稳定的盈余记录，能定期分派较优厚的股息，被公认为业绩优良的公司的普通股票，又称为"绩优股"。

蓝筹股的特点是有着优良的业绩、收益稳定、股本规模大、红利优厚、股价走势稳健、市场形象良好。

蓝筹股的这些特点让很多人产生了认知误区，总以为只要投资的是蓝筹股，就可以高枕无忧，这是非常错误的。

中国石油是典型的蓝筹股，曾被誉为中国最赚钱的股票，2008 年它在上市之初，吸引了无数人竞相购买，但结果如何呢？买了中国石油的股民在大盘 6,000 点高位套牢，高位套牢的股民有的割肉认赔了，有的还在套着。

所以，千万不要以为投资蓝筹股一定就不会被套牢，一定就会赚钱。投资蓝筹股并非意味着高枕无忧。

如果你在蓝筹股整体估值很高的时候买入进场，那么一旦买贵了，自身的未来隐含收益率就会降低，如此一来，前期选购蓝筹股则是没有意义的，或者如果你所买入的蓝筹股是周期型或者基本面转差的蓝筹股，那么同样会出现收益不稳定的问题。

例如，周期性个股的特点本身就是"风水轮流转"，极有可能会出现这一年行情好下一年行情差的情况。再如基本面转差的蓝筹股可能是受到了整体行业动荡的影响，极有可能一旦下跌再无翻身的机会。由此可见，在上述两种情况下购买蓝筹股都是没有意义的。

我认为所谓价值要从两个角度来衡量，即公司价值和投资价值。价值投资者不以价格为锚的意思并不是说不看价格，而是要看价格与价值的关系。如果当前价格已经反映了公司 10 年、20 年后的价格，那么投资者现在买入将不具备任何意义。因此，即便对于优秀的公司来说，也不是任何价格买入都叫价值投资。

例如，树儿倾向于购买大公司的股票，并认为只要购买大型企业的股票就属于价值投资。价值投资可能是投资大型企业，但投资大型企业的未必是价值投资。

诚然，巴菲特通过投资可口可乐、吉列刀片、保洁、强生等著名企业获得了丰厚收益，但是也因投资 IBM 而遭受巨大损失。同样，国内也有一些人通过投资格力电器、万科、海康威视、贵州茅台获得了不菲的收益，但是也有不少在 2008 年、2015 年高点买入的投资者还在高山站岗。

可见，投资大型企业的不一定就是价值投资者。尤其是有一段时间，福耀玻璃、格力电器等优质股票股价暴跌，对买进这些股票的投资者来说，价值投资不仅不再管用，而且带来了不小的损失。

其实，这往往就是因为这部分投资者简单地将价值投资等同于投资大型企业。对优质的企业来说，低价肯定更好，例如 2008 年的伊利集团以及 2013 年的贵州茅台，但这并不意味着好价格一定是低价，是否选择买入，还需要投资者更多调查和了解企业的成长性。

让感觉跟着市场走

这时，树儿提出了一个犀利的问题："面对市场上几千家上市公司，你是怎么从里面挑选出一些股票，决定投资的呢？总不会是看过几千份财务报表吧？"

确实，如何能够从众多上市公司当中快速挑选一小部分并且纳入股票观察池，然后进行更加深入地调查工作呢？方法不一而同，就我个人而言，在开始转换投资思路的过程中，确实因没有方法而走了很多弯路。

首先，我还是十分赞同投资者在刚转变思维进行价值投资时，从熟悉的企业开始下手，多多留意日常生活中能够看得到的产品和品牌。在生活中，无论是逛超市购买日常生活用品，还是看到一些公司所做的广告，都可能会发现一些不错的上市公司。

举一个简单的例子，在逛超市的时候，我们会看到很多上市公司的产品，如果发现了哪一家公司的产品，不仅你自己经常购买，而且身边人也经常购买,那么这样的公司就可能是盈利能力比较好的公司。

通过查看产品的包装盒,找到生产该商品的公司,再把该公司的基本面指标调出来,通过公司基本面分析常用指标来考察。

其中,常用的财务指标主要有如下几个。

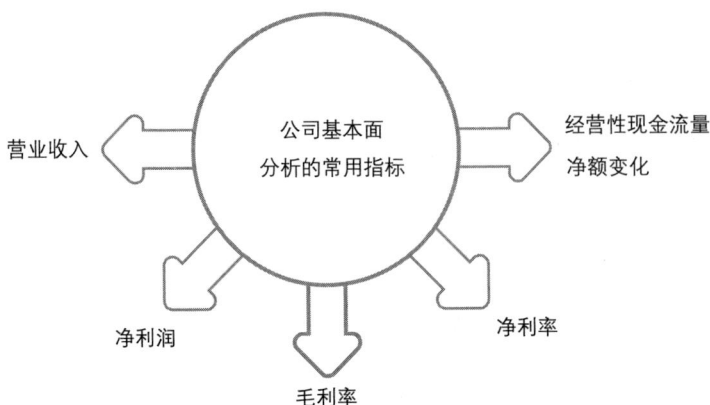

看看该公司在财务上有没有体现出很好的盈利能力,如果盈利能力很一般就没有必要再跟踪。如果盈利能力看起来比较好,那么就可以先纳入股票观察池,做进一步的商业模式、竞争优势的定性分析。

同时,随着时代的不断发展,现在人们早已不需要像十几年前那样跑到证券公司排队买卖股票,而是利用电脑或者手机 App 就可以简单、快捷地操作。当前很多股票投资软件都推出了推荐功能,投资者可以通过定量筛选的功能,找出一些适合投资原则的上市公司,然后进一步进行分析。

树儿认同地说道:"是的,我最近也安装了一个股票软件,里面有很多股票推荐,你觉得我应该制定怎样的筛选条件比较好呢?"

一般而言,如果想要进行价值投资则应寻找上市满 5 年,最近 5 年每年的净资产收益率（ROE）都大于15%，同时每年的经营活动所产生的现金流量净额不低于净利润70%的企业。通过这样的筛选逻辑，我们可以排除掉那些次新股，上市时间还比较短的，尚未经过充分的市场考验的公司。

我说："其实价值投资就是一个跟着市场走的态度，企业是否能够迎合市场主要表现在其财务报表中。对于净资产收益率的指标来说，其反映了公司利用股东所投入的资本创造出利润的盈利能力有多么强，该项指标较高，表明公司的盈利能力方面比较突出。最后将经营性现金流量净额与报告期所披露的净利润进行比较，只覆盖那些既有利润，同时又有经营性现金流的公司，通过这样的方法，可以排除掉那些在商业模式上现金流不太好的公司。"

当然，这样的筛选方式有一个很大的弊端，即国内能够符合该筛选条件组合的公司比较少，目前A股市场超过3,500多家公司中，只有30家公司符合条件，按照2017年ROE从上到下排序来看，前10名的上市公司有格力电器、贵州茅台、济川药业、老板电器、双汇发展、伟星新材、大族激光、苏泊尔、信立泰和美的集团。

因此，投资者在选择筛选模式的时候可以适当放宽条件，或者根据第一种方式寻找自己熟悉的产业。

"现在新媒体越来越发达，网上的自媒体越来越多，很多很有料、很有干货的博主都活跃起来，我觉得多关注一些优秀投资者的网络账号对新手价值投资者十分有帮助。"我继续说道。

随着互联网的发展，现在投资者可以非常方便地通过互联网渠道将自己的投资实践和感悟心得进行分享。通过这些互联网平台，我们可以关注一些行业内的优秀投资者发布的文章。

这些金融界博主有的是基金经理，有的是资深投资达人，通常会在文章中分享大量干货和经验，新手投资者通过学习他们的投资思路和案例分析，有可能会遇到一些感兴趣的投资机会。

树儿接话道："你以为我没有关注网上的博主吗？只是很多博主都'夹带私货'，甚至有些博主对自己说的话完全不负责任，像你这样热心、无私、认真分享干货的博主实属少见。网络大环境有利有弊，虽然给了很多高手发言的机会，但是鱼龙混杂的情况更为严重。"

我点了点头，认为树儿说得十分有道理。在我看来，一个博主的账号值得关注的衡量标准是在其过往的投资经历中，获取了比较好的投资业绩，同时分享的文章内容有很好的逻辑性。这样的高人可以作为我们投资路上的指引者。

当然，在投资过程中非常重要的是需要有独立思考的能力，无论这些高人的投资成绩如何，他们的分析文章都只能作为我们的阅读材料来参考，尤其注意不能迷信权威，在这些高人买入以后，自己也跟风买入。

投资者非常有必要建立自己的投资社交圈子。在投资过程中，如果一个人自己闭门造车，则往往有可能会忽视掉一些公司的负面清单。

通过建立投资圈子，将自己所信任，在投资理念上比较一致的朋友聚集到一起，或者在网络上相互分享，或者举办线下的投资交流活动，分享最近的投资理念的认识、投资案例的分析，通过这种朋友圈的关系，可能会遇到的一些潜在的投资机会。

尤其是当与某些已经对某家公司有过深入研究的朋友在一起交流时，

我们可以快速抓住该投资机会需要关注的核心要点，可以极大地提高投资研究的准确性。

我对树儿说："其实，我刚刚说的那么一大段话总结起来就是以下3点。

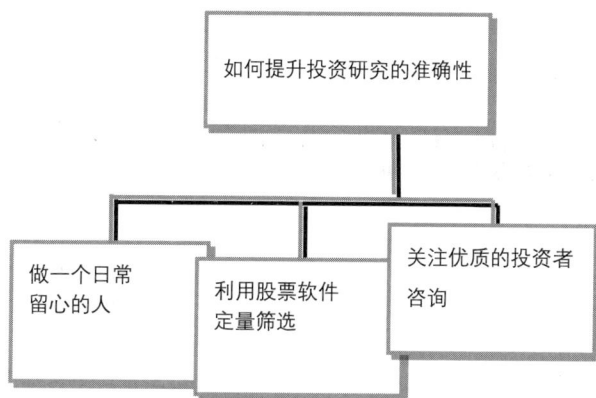

（1）做一个日常留心的人。我们每天都可能会接触到很多上市公司的产品或服务，如果我们自己喜欢这家公司的产品，同时身边人也很喜欢，那么这家公司就可能具备比较好的盈利能力，就可以查看它们的财务指标，来验证我们的猜测。

（2）利用股票软件定量筛选。通过股票软件，我们可以非常方便地把那些过往盈利能力比较突出的公司筛选出来，可以快速地将我们需要考察的公司缩小在一定的范围内，然后逐一进行定性分析。

（3）关注优质的投资者咨询。关注一些优秀投资者的自媒体账号，学习他们的投资理念和投资案例。同时，建立投资圈子，分享自己所遇到的投资机会以及学习其他朋友所遇到的投资机会。

获得满意投资收益

有了跟着市场走的感觉，选择适合自己的股票，紧接着就是要能够保证股票投资获得收益。爱问问题的树儿紧接着便问："如何能够获得满意的投资收益呢？"

我答道："我们需要从这 3 个因素来做文章，投资年收益率，投资本金和投资年限以及能力圈。"我随手在纸上画出下图来说明。

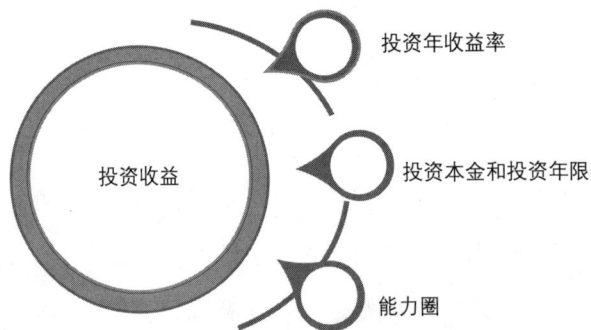

树儿拍手说道："投资年收益率很好理解，因为我连着几年投资年收

益率为负数。"

我被树儿的坦诚逗笑了，说道："投资年收益率为负数的话，投资收益最终会变成零。不能出现大亏损，因为即使连续每年都赚 100%，但是最终一年亏损 50%，那么前面所有的努力都白费了。如果亏损 100%，那么连本金都没有了。"

树儿说道："2008 年几日暴跌，跌掉了我几年的盈利。"

我说："是啊，也不能连续多年出现亏损。这实际上是第一种情况的变种，只不过由一年的大亏损转换成为日积月累的小亏损进而酿成大亏损，唯一的好处是可以通过优化投资系统阻止小亏损。还有一点很重要，投资年收益率不能低于 5%，年投资收益率最起码要跑赢通货膨胀率吧？如果连通货膨胀率都跑不赢，那么投资还有什么意义可言？"

"另外，认真思考投资本金和投资年限。"

投资本金和投资年限都是宝贵资源，这是我们为取得投资收益所付出的成本，只不过一个是金钱上的付出，另一个是时间上的付出。因此，为了不让金钱和时间白白浪费，每一个价值投资者都应该高度重视和严谨认真对待每一次的投资行为。

投资本金要变大，投资年限要变长，这都需要漫长的时间。这要求我们必须拥有长期视野，保持耐心。

在很大程度上我们能够控制投资本金和投资年限，如果说投资本金的控制程度在 90%，那么投资年限可能在 70%。投资本金难以控制的因素在于我们投入了不合适的投资本金，比如急用的资金、利息较高的借贷资金，而这在某些时候是我们遭到投资失败的最后一根稻草，也是很多高手投资失败让人唏嘘的根源，因为他们倒在了最后的关头，即使他们的决策最终被证明是对的也没有用，因为他们早已被迫平仓或者卖出。

投资年限之所以能够有 70% 的控制程度，是因为我们可以通过心情愉快豁达、充足睡眠、营养均衡、适度运动、戒烟限酒等方式来提高寿命，以及早入市来拉长投资年限。其不可控制因素自然是遗传基因、意外事故等，这些都不在我们的控制范围之内。

"最后，想要价值投资能够保证获得满意投资收益，最简单也是最重要的一点就是规划自己的能力圈。"

"能力圈"是巴菲特提出的一个投资原则。巴菲特曾经在自己所著的书中提到自己投资成功最重要的一点就是能力圈原则："投资人真正需要具备的是对所选择的企业进行正确评估的能力，请特别注意'所选择'这个词，你并不需要成为一个通晓每一家或者许多家公司的专家，你只需要能够评估在你能力圈范围之内的几家公司就足够了。能力圈范围的大小并不重要，重要的是你要很清楚自己的能力圈范围。"

巴菲特也曾在自己的传记中提到如何画出适合的能力圈："围绕你能够真正了解的那些企业的名字，画一个圈，然后衡量这些企业的价值高低、管理优劣、出现经营困难的风险大小，排除掉那些不合格的企业。"

从巴菲特的投资经历来看，也能够看出其对于自身能力圈的把握。巴菲特致力于分析自己能力圈以内的行业，对于能力圈以外的公司，无论别人怎么看好，他都根本不理，哪怕错过再大的赚钱机会，也不会有一点儿后悔。虽然他曾说过这样一番话："我错过了参与投资手机的好机会，因为手机行业在我的能力圈之外。"但是对自己能力圈以内的公司，巴菲特会拼命努力研究分析："我将会每次选择一个行业，逐步成为能够非常精通 6 个行业的专家。"他这一观点对我的投资经历影响也十分大。

从巴菲特的经历中可以看出，能力圈简单来说就是在自己的能力范围内寻找优秀的投资标的，做到"不懂不投，不熟不做"。

在纷繁的投资市场当中，行业的分类十分广泛，行业也包含了社会中的"三百六十行"，在这其中，每一行都具有可以投资的机会。但是，每一个投资者的精力是有限的，能够用于投资的资金也十分有限。因此，按照投资大师提出的"打造自己的能力圈"的投资策略是价值投资者必备的一项技能，同时也是一条捷径。

对普通投资者而言，画能力圈就是指要把精力集中在一个或几个已经经过自己深入研究的行业领域，并且不断对它进行跟踪研究，达到对它了如指掌的程度，以使自己能够随时把握和准确判断该市场或行业领域出现的新趋势，最大效率地利用该板块相关个股的市场机会，更好地做出正确的投资决策。

在成熟的股票市场，证券分析师都是以行业来划分的，比如金融业证券分析师、房地产业证券分析师、通信业证券分析师等，这些行业证券分析师只专注于自己的能力圈，在自己的能力圈内分析趋势，寻找投资成功的确定性。

树儿若有所思地说道："从投资收益的三大因素分析来看，做价值投资是很难的，特别是难以控制人的本性。为什么这么说？首先从最简单的投资本金来看，很多人都很难控制加杠杆的行为。我在盈利时特别喜欢加杠杆，追求超额收益是人的本性。"

我补充道："事实上，加杠杆不是完全不能做，而是加杠杆的人群需要有较高的素质，资金需要控制到一定量上，时间需要限定在一定期限内，最重要的是防范之策必须提前做好。然而以上提到的，很多人连一项都没有做到，因为人们不愿意慢慢变富，不愿意年老之后才变富，而加杠杆则能够变相增加投资本金，从而增加总投资收益。

"然而，他们却忘记了杠杆的危害，高估了自己的能力，低估了市场疯狂下跌的程度和长度，最终不仅没有赚到利润，连本金都丢了。再看投资年限，要想做到心情愉快豁达、充足睡眠、营养均衡、适度运动、戒烟限酒中的每一项，都需要坚毅的意志和漫长的坚持，虽然这些在我们的主观努力下都是能够做到的，但是江山易改，本性难移，又有几个人能够做到其中一项呢？"

与提高投资年收益率相比，延长投资年限的事情似乎又要简单一些。毕竟投资年限还能控制到 70%，很多习惯还能够变化。投资收益率则是我们在一定时期内从外在的投资品获得的投资回报，我们不能控制到底能够得到多少收益、什么时候得到收益，只能努力提高获得投资收益的概率。

树儿有些疑惑，问道："你还是没有正面回答问题，我在股市中如何才能够盈利？"

我喝了口茶水，不疾不徐地说："你别着急啊！在股市中的盈利无非是两种钱，即市场波动的钱和企业成长的钱，而如何能够获得盈利，无非就是两种选择：投机和投资。"

投机和投资其实都并非易事。

先来说投资。根据股价 = 市盈率 × 每股收益这一公式，不同的价值投资者就分别根据市盈率、每股收益计算价值，由此价值投资者大体可以分化成两大类别：一大类看重市盈率；另一大类看重每股收益。以格雷厄姆等人为代表看重市盈率，以费雪、芒格为代表看重每股收益，巴菲特两者兼而有之。

价值投资者并不容易赚钱。认为价值投资简单的，在很大概率上不是价值投资者。一个真正的价值投资者，也许在投资策略制定上、投资对象选择上会千差万别，但是个人觉得他们在这些方面比较类似：对某项投资、某次投资举措都高度重视和严谨理性以及重视保护投资本金。

树儿听得有些不耐烦了，说道："价值投资赚钱还是有些慢，说投机吧。"

我说："投机者想要盈利，需要满足出以下四点。"我随手在纸上画出下面的图。

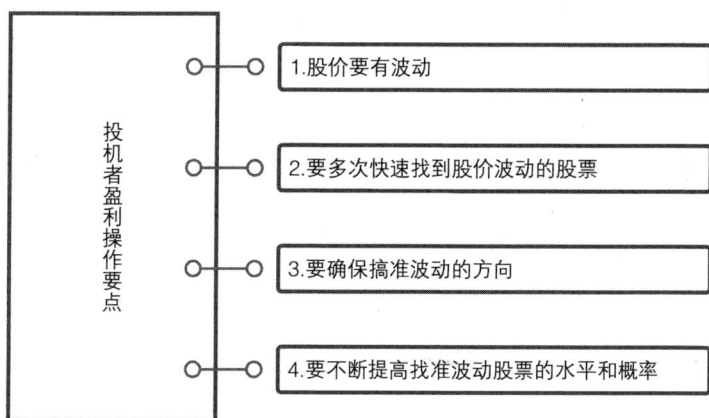

为了赚钱，你必须比别人优秀、必须提高自己的能力，而其他投机者为了赚钱，也必须提高能力，那么你又必须比他们更快地提高这方面的水平，如此循环往复，市场波动会越来越小，投资盈利变得越来越难。

总之，投机可以赚钱，但因为人总是会犯错，预测准确率总是不高，这决定了投机者一旦犯错，特别是重仓犯错时，其结局就必然悲催。

树儿说道："还是短线投机适合我，每天看着股价涨涨跌跌，择时买股，赚钱更有成就感，或者说更有炒股的感觉。"

我们的话题从价值投资毫不违和地转入短线投资，很显然树儿对短线投机更感兴趣，话锋更热烈一些。

第三章

短线投机策略

树儿跟我说，他前些日子跟着一个自称"短线高手"的朋友一起做短线，有一天恰巧遇到两只股票就能达到日收益率 20%，"那种感觉真是非常爽！"树儿不无自豪地说道。

听了树儿的话，我不禁开始思考，为什么很多人喜欢做短线？因为短线更符合人性，更能满足欲望，如果人性得不到满足，那么人便会产生痛苦。正所谓希望越大，失望越大。登山时，走得最苦、最累的往往是那些背着大包、小包的人。

其实，谁刚入股市的时候作为一个新人没有经历过疯狂炒短线的时期呢？我自己也经历过那样一段时间，我陷入短暂的回忆中。

疯狂短线投机交易原则

谈起短线，树儿神采飞扬，显然他对这个话题更有聊天的欲望。

树儿说道："短线和价值投资相比，感觉像两套体系，做短线需要研究 K 线走势、均线走势、技术指标等，做价值投资需要研究上市企业的财务报表。"

我想起我刚入市的情景，深有同感。

树儿继续说道："新人入市，学习财务报表，研究净资产收益率，研究 PE 是一件枯燥而艰难的事，而研究 K 线走势则很容易理解、很有趣也很刺激，每个股票新人必然会经历一段短线交易过程。"

我点头表示完全赞同树儿的说法。有的投资者有过短线投机经历后，转为长线交易，有的投资者始终做短线投机。

美国明星基金经理彼得·林奇在谈短线波段操作时曾经说过："喜欢

做短线波段操作的人，常常会发现自己买在最高点，卖在最低点。发生这种情况的原因是有人试图挑战不可能，试图靠预测来打败市场。事实上，没有人比市场更聪明，没有人能够靠预测来打败市场。如果有人能够想出一个屡试不爽的预测方法，那么这个人一定将名留青史，在富人榜上一定是前两名的常客，财富会胜于沃伦·巴菲特或者比尔·盖茨。"

与长线操作相比，炒股短线操作的技巧性更高，我想这也是很多投资者刚进入股市会选择炒短线的原因，又刺激又快速。纵观整个股市，有不少号称"短线操作牛人"的投资者，似乎每一个"高手"都拥有自己的"武林秘籍"，如选股方式、强势股特点、K线图买入点分析、交易时间分析等。这些高手给出的建议也都大不相同。但是，这些炒短线的方式都离不开疯狂短线的原则。

树儿疑惑地问道："疯狂短线原则？这倒是引起了我的好奇。"

所谓"疯狂短线原则"是我在之前早期进行短线投资时所总结出来的经验和纪律。

1. 不满仓

一般来说，我把满仓标准定为最高 85%，这样做的原因是每天都有好股票，如果没有现金，那么看好了股票也没有钱去买，即使想买也买不到，好股票的机会是很短暂的，在你出货筹备金钱的同时，眼睁睁看股价拉起来，望之兴叹。我的投资策略是按照分批、分期原则建仓，具体策略如下图所示。

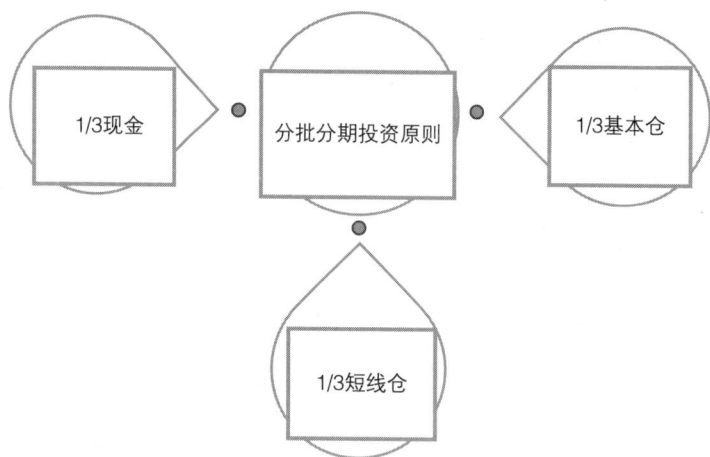

这样可以在投资过程中保持进可攻、退可守的姿态，可以极大程度地分散风险。

2. 不空仓

炒短线尽量做到不空仓，这也贴合上一条所说的要有基本仓位，比如可以给自己预定基本仓20%，沪深300成分股中的业绩优良的股票，比如金融、钢铁、煤炭、电力、地产等。这些股票是收益的基本保障，牛市不踏空的保障。

3. 和主力共进退

每天都有热门股，大资金去了哪里，你就跟进哪里，进错了也要进，进货一定要在正在发力的时候进，要有连续大单，短时间内连续几百手到几千手的大单，这时果断买进，即使回落套牢的概率也会很小。

这种进热点虽然有时会买错，但是如果亏损不是很大，如果赚钱则有可能赚得很多。一旦你看走眼，主力马上收回来，那么即使你买高点也要赚，头天大阴，第二天大阳吃大阴这种股票后面会有新高，后面利润还多，根本不用在意那几个点，即使跳水你也一般亏在 5 个点以内。

4. 短线介入时机

短线介入时机的原则就是见量再进。我反复强调主力进场标志是在 9:30 后，见到 1,000 手以上成交记录，1 分钟内连续出现 10 次才进。如果没有大单怎么办？如果开盘后走低，那么我认为可以低吸，但是切记只买你想买数量的 1/4，等回抽到你第一次买进的价格后再买 1/4，剩下的可以等待补仓。但在这里需要注意的是，买入总仓位的 1/3 × 1/4。

不过，炒短线的投资者在买股时，需要看准周期，一般需要分析 3 ~ 5 天的指标，破 5 日线不买，1 分钟内成交比较密集比较好，上攻的时候要提前判断出量是否正在逐渐放大。根据股票的流通盘判断是不是大单，盘子不大的，一般连续 100 手以上出现便是大单，在短时间内出个几笔就可以进了，比如 1 分钟内 N 个才叫连续，大盘股就要 1,000 手左右的。一旦攻击单来了，就果断点进，即使大盘不好，也难套牢。个股千万不能贪，如果个股大阳，在约 2 天内有 10 个点左右的时候如果再冲高，感觉没涨停板就出了，那么此时买入恰好可以换其他蓄势待发的股票继续做短线。

顶点不用发觉，因为买点把握得好，一般看庄家的实力，盘中庄家拉升有力可以多看点，拉得弱或我们买得高了，就少看点。10 个点就可以随时准备出货了。有板就不出，倒霉的话，出现政策性危机，不管多少都出，反正不能破 5 日线。即使这样亏损也都在 5 个点之内，如果头天板第二天不涨，就可以守几天。

5. 不追高

我个人的观点是，对高开 3% 以上的股不追，因为后面有低点，低点一般在 9:40 以后出现。另外，记住软件对股票出现顶源信号不要进。

6. 设置止损价

在短线当中一旦套住了怎么办？以前我让大家坚决持股，现在我的建议是跌幅超过 5% 就止损，因为统计规律表明，不及时止损而去补仓往往会让我们的损失更大。

短线绝不要做成中长线

　　很多投资者初入股市在炒短线的时候，总是会陷入这样一个误区，即将短线做成中长线。实际上，这是有问题的。短线就是短线，追求成功的概率；中线就是中线，追求灵活的波段；长线就是长线，追求稳定的收益。这是 3 种不同的操作，针对不同的操作，其模式方法自然截然不同，如果将短线做成中长线，那么有一多半是要被套牢的。

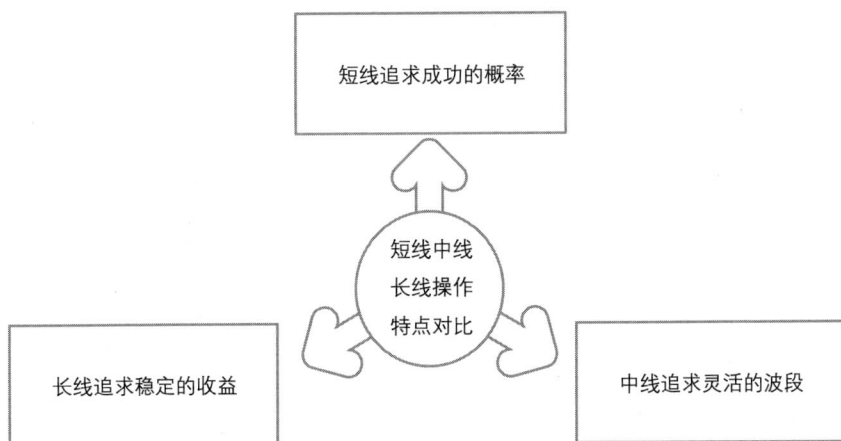

短线追求成功的概率

短线中线
长线操作
特点对比

长线追求稳定的收益

中线追求灵活的波段

"做短线就不要将短线做成中线，就要快进快出，见好就收，高抛低吸，做短线追涨时要把握好高抛低吸不容易，不是高手千万别做，没有经验的别做，而最主要的是你的心理素质好不好，能不能见好就收，还有就是不要满仓一只股票，否则风险很大。你不可能买准一只就是好股票，对于这一点谁都难以做到。"我对树儿说道。

树儿又问："中线和短线除时间上有差异外，还有哪些不同之处呢？操作方式上又有哪些需要注意的问题呢？"

我答道："对于中线必须大环境好才能做，不然做中线的结果就是被套牢，而做短线可以快速搏进出，二者之间有很大不同。"

中线操作有如下3点需要注意：

（1）要注意所选的股是不是股性活跃，是否适合资金进出。

（2）要看该股业绩是不是好，是否有持续发展前景。

（3）建仓时要逢低吸纳，不要一次建仓。

跌到工作线你就吸一点，一旦建仓完成，就一定要有耐心，这是最关键的一点，既然你看中了该股业绩没问题，又有持续发展的潜力，那么没有可能不上涨。

同时，中线操作也要看工作线，如果跌破工作线就坚决止损。

短线操作则具有如下5点操作特性：

（1）设好止损位和止盈位。进的短线票假如被套，那么千万不要期望有解套的机会，短线票最多在手里2～3天。

（2）短线卖点很重要。不要太贪，期望值也不要太高，一般情况下短线有 5% 左右的利润就要立即出手。

（3）不要满仓操作。一定要把资金分为 3 份。如果无法决定选择短线还是中线，则将 25% 的资金做短线操作，50% 的资金做中线操作。

（4）做短线要快进快出。如果套住就第二天开盘出局，一旦跌至 3% 则立即止损。

（5）股市无常胜将军。涨停的股票第二天在 5% 以上就再观望一下，在 5% 以下就出局，封一字板的就等什么时间打开什么时间出掉，把握好第一时间的买卖点。无论是谁推荐的股票都要靠自己把握，不要埋怨任何人，要怪就只有怪自己运气不好，股市无常胜将军，每个人都有失手的时候，自己把握止损点，就不会被套得太多。

短线不能做成中线，疯狂短线持有股票的周期一般为 3 ~ 5 天，直到涨不动了，或者见第二根阴线出。一般来说，5 日线是强弱分水岭，破了 5 日线坚决割出来，若走势不看好这只股就不抄底，若走势看好就 10 日线或 20 日线抄底，一切看大盘和盘中反抽力度而定。一旦破了 5 日线，即使再次修复，也会浪费几天时间，也赚不到什么钱，而几天时间如果运气好那么也能搞 10 ~ 20 个点了。因此，这里反复强调，在短线操作中千万要记住，破了 5 日线的股坚决割肉。

如果走强破 5 日线收回来，那么也不过比卖价高 1 个点左右（加上手续费），你可以卖了这只股票继续关注，等上 5 日线了找合适机会再买回来，中间时间可以做其他股票，还可以躲避连续跳水风险。通过这个方法，只要能够合理利用，连熊市都是你的牛市。我以最近的股市作为案例进行分析，2019 年 3 月 27 日早盘 10 点附近有大笔资金介入莲花健康（600186），每笔都是几千手的大单，结果当日 600186 最高是涨停，第三天开始回落，这时就是出手的最好时机。

短线操作中的买入技巧

树儿紧接着问："除了需要知道短线的交易原则，在操作短线的过程中还有哪些技巧值得应用？"

波段操作是震荡调整行情中获取短线收益的最佳操作技巧，一次完整的波段操作过程涉及"买"和"卖"两个方面。我对树儿说："我现在先来分析买入技巧，即波段短线买入技巧。这肯定是你最感兴趣的。"

对于波段操作的买入时机，要参考筑底中心区域。指数上涨过急后会重新跌回中心区，指数下跌过度后也会反弹回来。而真正的底部也是指一个区域，并非某一特定的拐点或价位，不能把底部区域的买入理解为对某一拐点的买入，因为在实际操作中是很难买到最低价的。从概率的角度出发，无论是从下跌末端买入，还是从启动初期买入，操作的成功概率都远远大于在拐点处的买入。底部区域的买入不必追求买到最低价或拐点位，只要能买到相对低位就是成功的。

在阶段性底部区域买入股票时的主要选择标准有如下3点：

（1）选择经历过一段时间的深幅下调后，价格远离30日平均线、乖离率偏差较大的个股。

（2）个股价格要远远低于历史成交密集区和近期的套牢盘成交密集区。

（3）在实际操作过程中要注意参考移动成本分布，当移动成本分布中的获利盘小于3时，可将该股定为重点关注对象。一旦大盘和个股止跌企稳后，就可以在符合上述选股标准的个股中逢低建仓。

大盘在构筑底部区域时，个股成交量太少或出现地量时，均不是最佳的买入时机，因为这说明该股目前价位对外围资金仍没有吸引力，还不能确认为一定是止跌企稳。即使大盘出现一轮行情，这类个股也会因为缺乏主流资金的入驻而制约上涨空间和上涨速率。因此，在底部区域选股时要选择在前期曾经出现过地量，而随着股价的下跌，目前量能正处于温和放大过程中的个股。

在阶段性底部区域买入时还要巧妙应用相反理论，股评反复强调的底部和大多数投资者认可的底部往往仅是一处阶段性底部，对此不要完全满仓或重仓介入，还要注意及时获利了结。只有在股评已经不敢轻易言底和大多数投资者不敢抄底时，真正适合于战略性建仓的底部才会来临。

我喝了一口茶水，继续对树儿说道："虽然在短线操作中技巧、指标分析是十分重要的知识，但其实在实操过程当中，最重要的就是做到3点。"

树儿赶紧问道："是哪3点？"

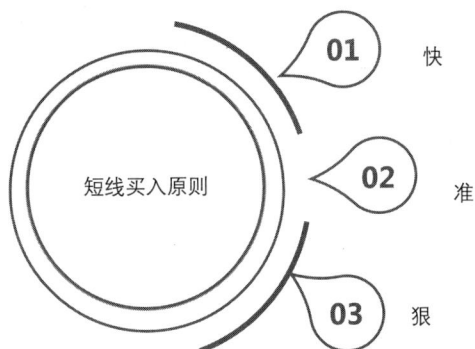

1. 短线买入的第一点: 快

投资者的看盘速度要快，尤其关注涨幅前十名股票，不要超过 3 分钟，确定目标股到确定买卖计划不超过 5 分钟。

2. 短线买入的第二点: 准

投资者买进股票要准确，平常对任何股票形态和分析都要了如指掌。不可以单一地用某个系统分析方式去确定一只股票，必须多个系统相互辅助进行判断。短线操作中，分析主要看均线组合、K 线组合、形态以及一些常用的技术指标等。

3. 短线买入的第三点: 狠

投资者在下单的时候要狠，买进卖出的时候不要有撤单行为。以高出卖方的价格或低于卖方的价格进行下单，力求一次性解决操作问题，不给自己犹豫的空间，做到"落棋无悔"。

我告诫树儿："股市就如同一个战场，你的'兵'就是你的资金，你是'主将'。主将要做的是学会怎样灵活运用自己的兵，知道自己是否能够战胜对方，尤其是在短线交易当中，更多时候考验的是主将的心理素质和用兵之道。其实，任何模拟性的操作都不会让你有进步的，正所谓'我动敌在动，敌动我在动，从来没有我动敌不动的情况'，讲的就是资金流动的道理。你的资金动了市场主力也会跟着资金的流动改变相应的操作思路，你的资金能变，市场主力的资金也会变，从来没有你变了市场主力不改变的道理，所以不能从主观的角度来分析股票的运动趋势，必须多方位地思考才能在投资的时候降低风险。这也是投资者在短线交易当中最应该掌握的技巧。"

更需谨慎短线操盘心理

在炒股过程中，始终强调的一点就是心态的调整，这一点在短线操盘过程中体现得尤为明显。从操盘上的心理角度来讲，它关系到每个人的个性，所以操作的风格就截然不同。例如，有的人在操盘过程中优柔寡断，有的人时时刻刻后悔不迭，不同的短线操盘心态决定了其最终的成绩。

我告诉树儿，如果要想在短线操作中先人行一步，就必须对整个股市做一个先期的判断，同时要对自己的判断保持自信，只要是上涨趋势的股票，那么在什么点位介入都不怕。大部分的亏损来自做那些下降趋势的反弹，所以只要能做到对股票后期半年趋势的大体预判，就能够有效降低投资风险。

树儿直言："其实现在我也是跟着所谓的短线高手盲目地在学习。我查了很多资料，在网上看了很多文章，真正有干货的并不多，很多所谓的高手故作搞神秘，事实上一篇文章或者一节课程看下来，真正能够学以致用的内容十分少。这样一来，我在操盘过程中没感受到进步，反而感觉十分失落，尤其是当我通过自己的判断反而亏损的时候，我甚至会产生自卑的心理，我觉得这样很不好。"

的确，在股市中始终流传着"谦虚使人退步，狂傲使人进步"这样一句话，意思就是做股票没有"谦虚"两个字，对就是对，错就是错。所谓的狂傲不是狂妄，狂傲是自信的一种象征。我对树儿说："没有必要去崇拜所谓的炒股高手，我们只不过是向他们学习一些有用的东西而已。当你狂傲的时候，有些人会对你不服气甚至会指出你的缺点，那也将是你修正缺点的时候。"

树儿听了我的话，终于敞开了心扉："听你这么一说，我好像自信了一些，但还是要看实际操作时候的调整。短线操作拼的就是手速和心跳，一两天之内就有可能大起大落，正是因为这样，我每天才会感觉活得很累。如果我在短线操作中遇到亏损，那么应该怎样调整自己的心态呢？"

相信这也是很多投资者面临的问题："进行短线操作时面对亏损怎么办？"

我说："其实很简单，这个时候要做的是调整心态，做好相关的心理建设。休息一下，想想自己的操作为什么会亏损，并且拟定一个新的计划，把盈利的目标降低，给自己最大限度的自信。同时，我们一定要学会用阿Q的精神调整自己的心态，绝对不能被亏损的压力击垮。尤其是短线投资者，最忌讳的就是人云亦云，不要经常和其他人讨论失败，不要总在论坛中和别人同病相怜，不要被别人的情绪同化，当遇到失败的时候，要把它看成一次操作当中的正常失误，一定要尽快再次振作精神去面对新的挑战。"

风险承受能力评估

树儿做了一个快速挥手的姿势说道："短线交易者需要具备冷血、果断、头脑清晰的素质，除此之外，止损、止盈要利索，不患得患失，无论对和错都要严格按照纪律执行，否则就会被市场收割了。"

我补充说道："当然，短线交易者除了需要将理性与自律高度结合，'动若狡兔静若处子'，更重要的特质是具有较高的风险承受能力，对自身的风险偏好有清晰的认知。"

风险偏好是主动追求风险，喜欢收益的波动性胜于收益稳定性的态度。风险偏好型投资者选择资产的原则是：当预期收益相同时，选择风险大的，因为这会给投资者带来更大的效益。风险偏好能够反映投资者对待风险的态度，是偏好风险，还是厌恶风险，或者对风险表现得无所谓。

不同的投资者对风险的态度是存在差异的，一部分人可能喜欢大得大失的刺激，另一部分人则可能更愿意"求稳"。根据投资体对风险的偏好将其分为风险回避者、风险追求者和风险中立者。投资者可以根据自身的投资心理活动，分析自己属于何种类型的风险偏好。

（1）风险回避者

风险回避者选择资产的态度是，当预期收益率相同时，投资者内心偏好于具有低风险的资产。而对于具有同样风险的资产，投资者则更加倾向于具有高预期收益率的资产。

（2）风险追求者

与风险回避者恰恰相反，风险追求者通常主动追求风险，喜欢收益的动荡胜于收益的稳定。这些投资者选择资产的原则是，当预期收益相同时，选择风险大的，因为这会给自身的投资理财带来更大的利益。

（3）风险中立者

风险中立者通常既不回避风险，也不主动追求风险。此类投资者选择资产的标准是预期收益的大小，而不管风险状况如何，对于风险的态度较为平和。

一些投资者迎难而上，勇于挑战高风险、高回报的投资方式，面对亏损时心态十分平和。还有一些投资者只想稳中求胜，对待亏损往往无法承受。这就是在投资过程当中，因人而异的风险承受力。

听到这里，树儿打断我的话说道："这么看来，我应该算是风险追求者，我个人就觉得炒股是一件很刺激的事情，如果炒股四平八稳，就没什么意思了。"

我说道："我刚入市时，是风险偏好者，属于无知者无畏型的投资者，随着对股市了解、投资理念成熟、投资技能成熟，我变成了风险中立者。"

"怎么预估自己的风险承受能力呢？"树儿问道，"要我说，很多炒股的人都是无头苍蝇误打误撞进了股市，根本就不知道自己的风险承受能力怎么样。很多人直到亏了钱才开始追悔莫及。"

听到树儿的话，我笑着说道："没错，就是因为很多人没有能够提前预判自己的风险承受力，才导致自己处在牛市当中还无法盈利，心态也极度不稳定。其实，判断风险承受能力，最直接的判断当然是收入。对大部分工薪阶层来说，收入就决定了风险承受能力的基础，而年龄则是决定风险承受能力的资本。"

（1）理财金额所占收入的比例。判断风险承受能力首先需要考虑个人收入的稳定性，投资者只有具有稳定的收入才能有结余去理财，哪怕每个月的结余是 1,000 元也可以。其次是收入的高低，通常来讲，收入越高风险承受能力就越高。

需要注意的是，判断风险承受能力不能绝对化，只看收入的高低。无论自身收入高低，投资理财金额所占收入的比例，才是判断风险承受能力的关键。例如以下两种情况。

判断风险承受能力	1.如果投资者本身达到年薪百万元，运用杠杆达到近千万元去投资，那么投资额显然超出了自己的风险承受能力
	2.如果投资者本身年薪10万元，但只用1万元去投资，那么投资额显然远低于自己的风险承受能力

正确判断自身的风险承受能力十分关键。在这里，我给出的建议是，有投资打算的读者，除去日常开销、负债和一定的备用现金流，其余结余一定要按照理财产品的收益和风险、自身的风险承受能力和收益期望来配置。

我对树儿说："记住，当你的收益期望值与实际风险承受能力冲突时，你只能优先考虑实际风险承受能力，否则将会造成不可挽回的损失。"

（2）年龄是资本。收入是判断风险承受能力的基础，而年龄则是风险承受能力的资本。一般来说，年龄越大，其风险承受能力越低。

很多人会有疑问，年纪越大积累的财富应当越多，为什么风险承受能力还会降低呢？这是因为，人在青年时期的开支往往较小，而到中年时期开支逐渐增大，且随着年龄的增长，身上的责任也将会变大，往往在老年时期丧失收入来源，还要应对养老、医疗等昂贵开支，自然会增大其风险承受能力。相对来说，年龄越大，选择理财的方式应当越稳健保守。

所以说，年龄就是资本，年轻时候可以根据自己的收入适度选择风险偏高的投资方式，但是也不要因为年轻就过度消耗自己的风险承受能力。

第四章

震荡行情法则

上菜的频率慢了下来，因为我们点的水煮鱼需要等一段时间，树儿忍不住抱怨菜上得慢。我突然想到，上菜正如 2016 年 A 股行情十分"磨蹭"一般，尤其是自 2016 年 7 月以来，大盘上下反复震荡，导致很多投资者无法承受，直言"挺不住了"，这就是震荡行情。

在弱势震荡时期，我们不应该沉溺过去，要展望未来。很多投资者把时间过多耗费在对过去耿耿于怀上，而非把精力投入眼前的事情和未来的规划当中，每天都活在昨天的阴影中，不停地思虑过去的行情，而不是朝前看，这会让投资者延误战机，反应迟钝，甚至会对研究企业或者研究市场表现得麻木，并且不敢对市场做出必要的判断。

判断出真正的震荡行情

经历了 2008 年的那场惨败，树儿变得十分谨慎，面对震荡行情显得更加紧张、无措，总是要时不时地回头研究行情，"后悔"之情溢于言表。

其实，生活总有遗憾，不要想这些遗憾，更不要总是看着过往的行情"后悔"，尤其是个人投资者，更应该把心思转移到积极的方向上。我问树儿："你是不是在震荡市场中经常遇到这样的情况：你看准了一家公司，其利润节节攀升，但是股价还在原地踏步，很久都不见起色，结果最后你卖出股票不是基于公司股价不佳，而是因为公司价格长期低迷，而你一卖出，这个股票立刻就变得生龙活虎，让你后悔不已。"

树儿忙不迭地点头说道："我要么是卖早了，要么是没有买，总是在后悔遗憾。"

我深有同感，开玩笑说道："这是病，得治。我的后悔病已经很长时间没有犯了，既然事情已经过去，又为何要在放下和不放下这件事情上浪费时间呢？"

听过我说的话，树儿陷入了沉思。

我在投资过程中，修炼了一颗坚毅的心，我始终认为在市场当中保持耐心非常重要，尤其是在震荡市场当中，当行情久久没有大波澜时，应该做到不要喜新厌旧，更不能经常换来换去，经常性的换股行为会让你打完左脸打右脸，两边都不讨好，甚至会让自己的投资心态彻底崩溃。

2018 年，大盘一直围绕着上证指数 2,700 ~ 3,500 点上下震荡，市场中始终没有大的起伏。树儿刚刚返回股市，原本想东山再起洗刷自己在 2008 年投资失利的"耻辱"，但是市场始终没有什么动静，让他十分着急。听着树儿不断在说"震荡"，我忍不住问道："你真的可以分清市场是否处于震荡中吗？你能认准市场所处的震荡是什么类型吗？"

听了我的问题，树儿这才惊觉自己对震荡市场的了解十分浅显。树儿挠挠头说："对震荡的描述难道不就是'不创新高也不创新低'吗？"

我看树儿果然对震荡的了解十分片面，于是便在餐巾纸上给他画了一张图。

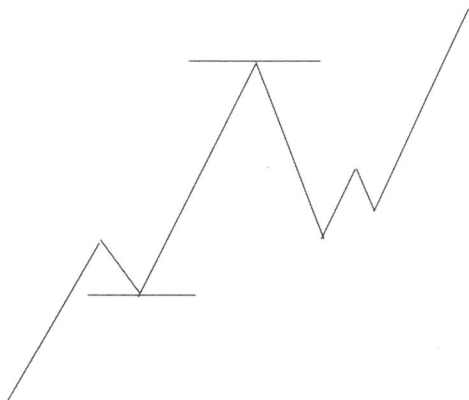

我指着餐巾纸上的图形问树儿："你看我随手画的这个图，K 线从最高点开始向下回撤，在跌到有效前低之前，反转向上，现在停在了中间，既没有创新高，又没有创新低。但你觉得这个行情是震荡行情吗？实际上，这并不是一个震荡行情，我所画的只是一个慢牛行情的正常回撤而已，至少目前来看，应该是属于慢牛行情的。"

树儿被我问住了，半天没有说出话，盯着桌面上的图形反复查看。

我接着说道："有关震荡行情的判断应该是大多数入门投资者在进行技术分析的时候会遇到的棘手问题。我虽然坚持价值投资，但并不否定技术分析，相反，二者结合使用在很多时候能够加大投资把握。我也曾经历过依靠技术分析的阶段，按时间来算，市场的行情大概可以分为震荡、慢牛/熊、快牛/熊行情，这三者存在的比例大致为 6：3.5：0.5，由此可见，存在时间最长的非震荡莫属。所以你啊，一定要分清震荡行情才能够在股市大多数时间生存啊！"

树儿终于忍不住问道："那你说，究竟什么样的行情才是震荡行情呢？"

我答道："我今天就给你一个开放的定义吧，震荡的定义是因多空双方势均力敌而形成的外无方向、内无秩序的拉锯行情。震荡行情是多空双方处于势均力敌状态下，把股价控制在一定范围内上下波动，没有明显趋势。一旦追涨，就可能会短期套牢。"

"我还以为几天不怎么涨就算震荡了。"树儿小声嘀咕道。

听到树儿的话，我十分无奈："你以为你在冲浪呢？每天都大起大落的。"不过，我也在这时才意识到，其实像树儿这样根本不明白自己是否处在震荡时期的投资者非常多。

从震荡的形状上看，震荡行情可分为矩形震荡、三角形震荡等，而根据震荡的不同形态又能够大致预测出股价今后的走势。为了给树儿讲明白这几种不同震荡形态的图，我找了几张新的纸巾边画图形边讲了起来。

1. 矩形震荡

所谓矩形震荡，从名称上也十分容易理解，是指股价由一连串在两条水平的上下界线之间变动而成的形态。股价在其上下界范围内上下波动，价格上升到某水平时遇到阻力，掉头回落，但很快便获得支持回升，可是回升到上次的高点时再次受阻，而回落到上次的低点时则再次得到支撑。这些短期高点和低点用直线连接起来，便可以绘出一个通道，该通道既非上倾，也非下降，而是平行发展，这就是矩形形态。

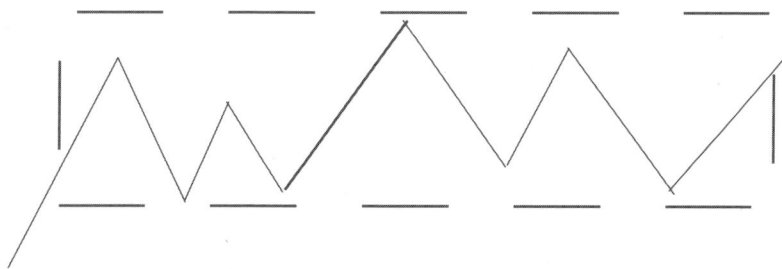

矩形形态通常为持续形态，又由于股价好像被关在一个箱子里面，上面有盖、下面有底，在两层夹板之间来回运动，因此又叫作箱形整理形态。

矩形形态也用于描述实力相当的多空双方的争斗。这一形态明显告诉投资者多空双方的力量在该范围内几乎完全达到均衡状态，看多的一方认为其价位是较理想的买入点，于是股价每次回落到该水平便立即买入，形成了一条水平的需求线。与此同时，另一批看空的投资者对后市没有信心，认为股价难以超越其水平，于是股价每次回升至该价位时便卖出，形成一条平行的供给线。

树儿接过话头，对我说："我是否可以从另一个角度来看？矩形也可能是投资者因后市发展不明朗，投资态度变得迷惘和不知所措而造成的。所以当股价回升时，一批对后市缺乏信心的投资者退出，而当股价回落时，一批憧憬未来前景的投资者又加入，由于买卖双方实力相当，于是股价就来回在这一段区域内波动。"

我赞许地点头。树儿说得一点儿都没错。一般来说，矩形形态大多出现在整理形态中，但有些情况下，矩形也可以作为反转形态出现，这需要引起投资者的特别注意。

我给树儿举了几个简单的例子："当矩形是整理形态时，矩形有效突破后，股价会按照原有的趋势运行。当矩形是反转形态时，矩形有效突破后，股价会按照相反的趋势运行。股价的涨幅和跌幅是在 30% ~ 50% 的情况下出现的矩形形态，可以将其视为整理形态；当股价的涨幅和跌幅是在超过 80% 的情况下出现的矩形形态，大多数是矩形反转形态。我这样说你是否就知道针对不同的矩形震荡应该进行怎样的操作了？"

树儿使劲点头："对对对，我看股市中经常出现这种矩形震荡形态，但是对怎么操作始终不得其法。"

如同树儿这样的短线投资者实际上大都比较喜欢矩形整理形态，当矩形形态初步形成后，在矩形下界线低价买入，在矩形上界线附近高价抛出，通过来回的短线操作来博得差价。但是，短线投资者需要注意：矩形的上下界线相距要较远；一旦矩形形成有效突破则需要审慎决策，即在上升趋势中，矩形带量向上突破盘局时则要坚决捂股待涨，而在下降趋势中，矩形向下突破时，则要尽快止损离场。

一般来说，矩形形态出现在整理形态当中。在空头行情中，矩形整理是股价下降中途的一次抵抗形态。它维持的时间越长，下跌的概率越大。在多头行情中，矩形整理只是股价上涨过程中的一次盘整形态。矩形整理形态的整理周期在时间上属于中期整理，它的形成时间要比三角形、旗形等整理形态都长，一般至少有 30 个交易日以上。

矩形整理在形成的过程中，除非有突发性的消息扰乱，否则其成交量应该是不断减少的，如果在该形态的形成期间，有不规则的高成交量出现，那么形态可能失效。当股价突破矩形上限水平时，必须有成交量激增的配合；若跌破下限水平时，就不需要大成交量的配合，即上破要大量而下破可少量。

矩形整理形态在突破后有一个理论上的突破高度。与其他形态不同的是，矩形的突破高度通常等于矩形本身的高度，即从矩形上边线向上或向下量出相等距离处的价位，这就是股价上升或下降时的理论目标位。一个高低波幅较大的矩形，较一个狭窄而长的矩形形态，未来更具突破力，即一旦向上突破，将是迅猛涨开，而一旦下破，也将是快速下跌。

矩形的突破是以收盘价矩形的上界线或下界线为矩形形态完成的标志，突破的方向取决于多空双方力量的对比或各种消息面的配合。作为整理形态出现时，在股价突破后有时会出现反抽来确认突破是否有效。这种情形通常会在突破后的 3 天至 3 个星期内出现。反抽将止于顶线水平之上，往下跌破后的假性回升，将受阻于底线水平之下。随后股价仍按原有趋势的方向运动。股价向上突破整理形态后，矩形的上边界线将变成支撑线，而股价向下突破整理形态后，矩形的下边界线将变成压力线。

"这下你明白了吧？"我问道。

树儿催促我道："那你赶紧再给我讲讲什么是三角形震荡！"

2. 三角形震荡

三角形震荡是比较难以判断的一种震荡形态。它可以出现在顶部、底部或上升中间和下降中间的整理部位。

上升三角形是三角形形态中的一种。上升三角形一般在股价的上涨途中出现，股价上涨的高点基本上处于同一位置，但回落的低点却不断上移，如果将上边的高点和下边的低点分别用两条直线连在一起，则会形成一个向上倾斜的三角形。

我换了一张纸巾，为树儿画了一张图，说道："你之前一直进行技术分析，肯定知道走势和量价是分不开的。那么，上升三角形在形成的过程中成交量会不断减少，上升阶段成交量较大，而下跌时成交量较小。"

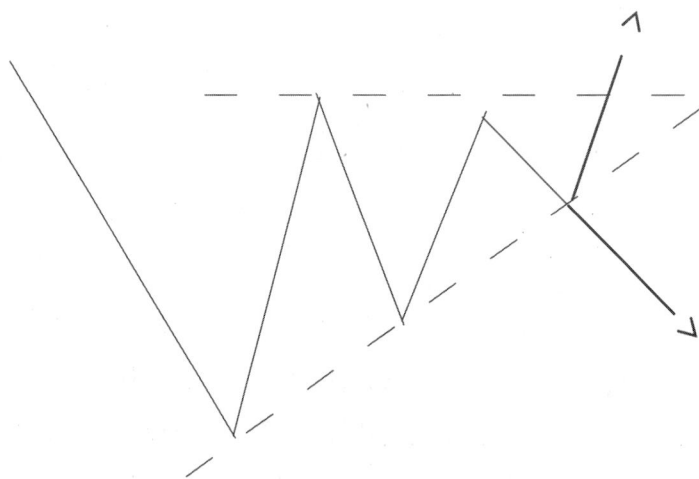

由图可见，在三角形震荡的尖端，走势有可能向上也有可能继续向下。

上升三角形显示买卖双方在其范围内的较量，但买方的力量在争持中已稍占上风。卖方在其特定的价格水平不断沽售，不急于出货，却不看好后市，于是价格每升到理想的沽售水平即沽出，这样在同一价格的沽售就形成了一条水平的供给线。不过，市场的购买力很强，投资者不等价格回落到上次的低点，便迫不及待地购进。因此，形成一条向右上方倾斜的需求线。

上升三角形到最后都会选择向上突破，但必须注意的是，上升三角形向上突破时，一般伴随较大的成交量，无量往上突破可能是假突破，投资者此时不可贸然进入。另外，需要说明的是，上升三角形越早往上突破，则后劲越足，那些迟迟不能突破的三角形很可能是主力为悄悄出货而设置的陷阱。一旦主力完成自己的目标，上升三角形非但不会突破，还有可能演变成"双顶"形态，股价下跌就不可避免。出现上升三角形，意味着股价在蓄势上扬，是典型的买进信号。在实际操作中，投资者可在股价突破上档压力线，小幅回落，再次发力创新高之后跟进。

我对树儿说，按照普遍的情况来看，上升三角形大都在上升趋势中出现，且暗示有向上突破的倾向。在向上突破上升三角形顶部水平的供给阻力时就是一个短期买入信号。当然，这种看法并不绝对，不同时期不同量价关系，可能会出现不同的走势。

我为树儿指出，在短线操作当中上升三角形震荡形态的升幅度量方式和对称三角形相同，应当从第一个短期回升的高点开始画出一条与底部平行的线，当突破形态之后会再度超越它。

投资者在应用上升三角形时应该注意在上升三角形形态形成期间，可能会出现轻微的错误变动，稍微突破形态之后又重新回到形态之内，这时技术性分析者需根据第三个或第四个短期性低点重新修订出新的上升三角形形态。有时候形态可能会出现变异，形成其他形态。上升三角形向上突破限力，如果没有成交量激增的支持，则信号可能出错，投资者应放弃该指示信号，继续观望市势进一步的发展。如果该形态往下跌破，则不需要成交量的增加。上升三角形越早突破，越能减少错误发生。假如价格反复走到形态的尖端后跌出形态之外，则该突破的信号不足为信。

树儿听得津津有味，见我稍有停顿便立刻问道："既然有上升三角形震荡，那么与上升三角形相对，一定也有下降三角形震荡形态吧？"

没错，三角形震荡形态并不单一，而是可以分为上升三角形和下降三角形，其可能导致的股价走势大有不同。

下降三角形一般出现在下跌趋势中，它的形状与上升三角形正好相反，价格在某特定的水平出现稳定的购买力，因此每回落至该水平便开始回升，形成一条水平的支撑线。可是市场的沽售力量却不断加强。价格每一次波动的高点都较前一次低，于是形成一条向下倾斜的压力线。将每次的上涨高点和回落低点分别用直线连接起来，就构成一个向下倾斜的下降三角形。

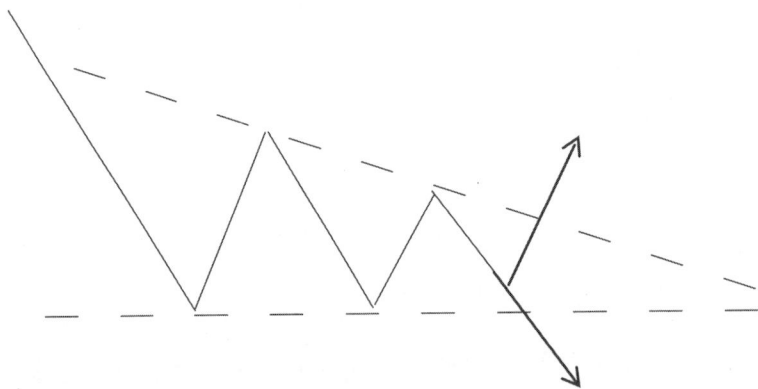

股价或指数走出该形态后，大多情况下选择向下突破，预示后市还会继续下跌，所以称为下降三角形。但是下跌的走势并不绝对，某些情况下股价或者指数会在下降三角形震荡之后选择上行。想要判断之后的股市上涨或者下跌，还需具体情况具体分析。

下降三角形每次反弹的高点越来越低，本身就是一种向淡的信号，所以后市向下突破的概率较大。当股价或指数向下跌破下边线时，符合道氏理论关于下降趋势的定义：后高低于前高，后低低于前低。所以下降三角形大多表明后市继续看跌。

下降三角形属于弱势盘整，卖方显得较积极，抛出意愿强烈，不断将价格压低，从图形上造成压力颈线从左上方向右下方倾斜。买方只是将买单挂在一定的价格，造成在水平支撑线抵抗，从而在 K 线图中形成下降三角形形态。

下降三角形同样是多空双方在一定价格区域内较量的表现，然而多空力量却与上升三角形所表现的情形相反。看空的一方不断地增强沽售压力，股价还没回升到上次高点便再度沽出，而看多的一方坚守着某一价格的防线，使股价每回落到该水平便获得支持。此外，出现这种形态也可能是因为有人在托价出货，直到出货完毕为止，只是下档的支撑形同虚设，股价以向下突破宣告形态成立。

投资者在应用下降三角形时应该注意，虽然下降三角形形态反映出卖方的力量占优势，形态往下跌破的机会较大，但在过去的图表中显示，也有向上突破的可能性存在。因此投资者宜在形态明显突破后采取行动。如果下降三角形往下跌破，则不必用成交量大来说明，一般在跌破后数天，成交量会呈现增加的趋势。但如果形态往上冲破阻力，就必须依靠成交量明显增加来配合。在向下跌破后,有时可能会出现假性回升,回升将会受阻于下降三角形的底线水平之下。与上升三角形形态没有区别,下降三角线越早突破,出错的机会越小。

　　树儿拿着画有几张图形的餐巾纸,如获至宝,开玩笑说道:"以前听说莫扎特在酒吧的餐巾纸上留下了世界名曲《小星星变奏曲》这个传奇故事,现在这几张餐巾纸要是保留起来,说不定还有升值的空间。"

震荡时期个人投资者生存法则

树儿一边喝茶一边说道："最近大盘面临上下两难的境地，在震荡阶段真的很难做股票，你说我应该怎样应对震荡时期？"

听了树儿的话，我沉思一番说："很简单，我有几个建议。第一，打新股，我不完全反对你用70%的资金打新股；第二，如果你习惯于短线操作，那么严格控制自己的仓位在30%以下；第三，休息，在震荡股市当中，最好的方式就是休息。"

在我看来，在股市中的震荡时期，个人投资者需要像对待熊市一样谨慎，因为震荡时期股市处于不上不下的境地，很容易引起投资者的焦虑与慌张心态，很多投资者在震荡时期一看到股市波动就会敏感地认为股市即将启动上涨或者下跌，或是大量补仓或是赶紧空仓。投资者在震荡时期仍旧要保持良好的心态以及仓位控制。

（1）宁可错过，不要做错。该空仓休息就休息，不要轻易抢反弹，震荡中的反弹力度很弱，大多数股票只有 3 ～ 5 个点的反弹幅度。

（2）重势不重价，顺势而为，重视政策信号，君子不立于危墙之下。

（3）严格控制仓位，不要轻易补仓。越补仓损失越大，最后补到满仓会导致你精神崩溃。仓位控制是你在价格大涨或者大跌时不慌张的基础。

同时，在震荡期间休息也是十分必要的，很多时候不操作反而是最好的操作。当然，休息靠信心，持有要靠耐心。我对树儿说，如果有时候股市让人看不明白，那么就可以选择空仓休息，对于套得深的股票可以暂时持有，如果是空仓那么等情况明朗时再进也不迟。

就我个人而言，如果我看不明白股市走势就会严格控制自己的仓位，即使看到了机会也只用少量的资金去做波段，大跌时对自己手中的股票做 T+0 以降低成本。

我在市场中常胜不败的经验是什么？答案其实很简单：大致可以分为以下两点。

熊市教训

谋定后动

现金为王

树儿有些急切地问道: "你别总给我讲大道理, 你就跟我说一说股票配资遇到行情震荡怎么办? 随心情按平常操作, 还是特别行情要特别对待? 看到现在我买的股票都上不去下不来的, 我很着急, 我究竟应该怎么操作以应对这种股市行情呢?"

见树儿这么头疼的样子, 我便为他整理了以下震荡时期个人投资者操作的生存法则。

首先, 除了上涨趋势和下降趋势, 其实在股票市场中最常见的就是震荡行情。面对这样的行情, 假如股票配资者的仓位过重, 那么其在震动市中就会手足无措, 往往会更忧虑行情的短期走势。而假如股票配资者仅仅半仓持股, 当股价涨上去时, 可以卖出来获利。当股价出现下跌时, 又能够乘机逢低买进, 这时投资者的心态就会比较平和。

做过股票配资的投资者都知道, 如果遇上指数在某位置反复震荡整理, 呈现一种跌不下去涨不上来的状况, 就是到了行情震荡的时期, 即未来走势还存在一些不确定的因素, 股票配资者担心的不应该是盈利或是扭亏转盈, 而是在震荡股市中如何求稳。

我告诉树儿, 作为股票配资者遇到这种行情震荡的情况, 不仅要求心态稳定, 更要采取更为稳妥的操作方法。简单来说, 就是要保持合理的仓位结构, 减少不必要的反复盲目操作, 不要急于抄底和追求短线利润, 稳健的股票配资者在股票的选择方面, 应该从长远的角度来考虑, 尽量选择一些价格低廉的蓝筹类个股, 这样可以最大限度地避免上市公司的业绩风险, 还可以像价值投资者那样始终保持中长期的投资稳定性。

树儿又说: "但我都是炒中短线, 像你一样一跃成为价值投资者炒中长线还是有些困难的。在这种情况下, 我应该怎样操作呢?"

我相信，不少投资者都和树儿一样，善于短线操作。我个人的建议是，在操作一些投机性非常强的个股时，所投入的资金必须控制在一定限度内，并且要根据行情的变化随时兑现。不要过于追求每一笔交易的利润，如果行情发生突变，即使没有盈利或已出现亏损，也要及时果断卖出，要有一种杀伐决断的狠快绝。

在震荡市中很多个人投资者的心态不稳定，还有一个重要的原因就是怕踏空，担心错过一轮强势行情的抄底机会，买了股票时担心股市会下跌，不买股票又担心股市会涨上去，所以心态很浮躁，常常出现追涨杀跌的操作行为。其实这是没有必要的，如果能认清、跟紧趋势，那么在操作上就不会存在踏空的情况。

在行情震荡的情况下，小散们不仅要保持良好的心态，还要养成稳健投资的习惯，并且要不断地提高自己的市场综合研判能力，这样才能在行情不断波动的股市中取得稳定的收益。

我向树儿总结道："在我看来在震荡行情中，有经验的股票投资者完全可以采取波段操作的方法，跌了就买，涨了就卖，不要担心会错失牛市行情的机会，因为牛市不是在一小段时间内就能形成的，它会有一个趋势，并且当这个趋势形成的时候，投资者在任何时候买进都有可能是正确的。"

股价启动前的各种征兆

树儿十分满意地点点头："听你这么一说，我没有之前那么焦虑了。接下来我准备耐心持股一段时间，但是你说我究竟要持股到什么时候呢？什么时候才能够开始新一轮操作呢？"

我回答道："那当然要看准股价启动的标志了！"

树儿急切地问道："其实，每当我实在忍受不了被套的痛苦而准备将筹码一割了之的时候，都会有一丝侥幸心理：股价会不会回升一些呢？那你说股价启动前会有怎样的征兆？我也好提前做好心理准备，到时候是买是卖心里有个数。"

的确，经常会出现这样的情况：当我们下定决心把股票割掉以后股价却上涨了。也许最终股价还是会跌到我们的卖出价之下，但它确确实实涨了，而且比我们的卖出价高很多。

这其实是人的心理因素在作怪。在我们实在忍受不住的时候往往是在股价大幅度地下跌了一段时间以后。而从概率上来说，股价在此时形成一个相对底部区域的可能性非常大。因此，我们即使要割肉也完全应该在股价回升以后，尽管它也许再也回不到我们的原始买入价，但总能减少一些亏损。

有相当一部分股票在行情起来之前是有一些征兆的，只是市场没有注意而已。

以下是我个人总结出的股价即将启动的 4 种征兆，以供参考。

第一种征兆：盘中出现脉冲式上冲行情

所谓脉冲式上冲行情是指股价在较短的时间内突然脱离大盘走势而上冲，然后又很快地回落到原来的位置附近，伴随着这波行情的成交量有一些放大但并没有明显的对倒痕迹。

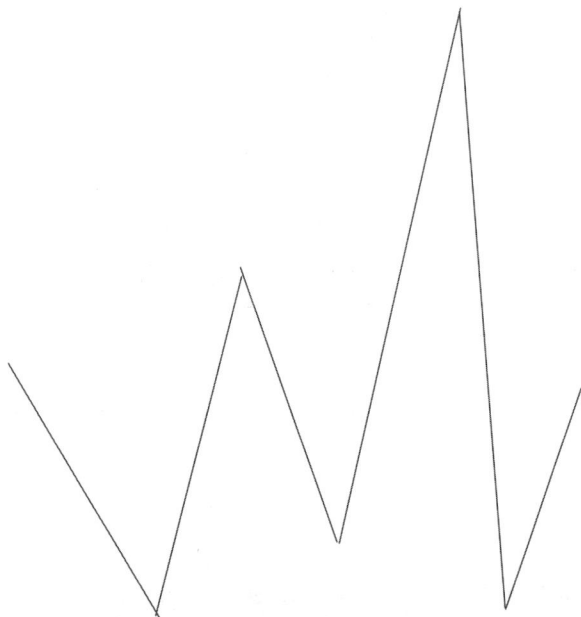

在股市震荡过程中，由于成交量惨淡，所以主力也肯定在一段时间内没有参与交易，对市场也没有什么感觉。因此，主力在正式拉升股价前会试着先推一下股价，业内称为"试盘"，并通过这种方式探查市场的反应。

同时，出现脉冲式上冲行情的另一种可能性是主力想多拿一些当前价位的筹码，通过往上推一下以吸引出市场的割肉盘，然后选择适当的时机进行拉升。这种情况表明主力的资金相对比较充足，对股价的上升比较有信心。那么，对个人投资者来说，此时可以耐心持股等待股价拉升。

第二种征兆：较大的卖单被打掉

尽管在股市震荡时期交易清淡，但总会有一些较大的卖单出现。例如，日成交在 30 万股以内的行情必定会有一些万股以上的单子出现，这是完全正常的。我告诉树儿，这些卖单的价位一旦离成交价比较近就会被主动性的买单打掉，那么这就是一种主力拉升前的征兆。

众所周知，一旦股价拉起来以后，主力最害怕的就是前面被市场接掉的相对低位的获利盘，因此只要主力的资金状况允许，在拉升前就会尽可能地接掉一些稍大的卖单以减轻拉升股价时的压力。也可以理解为主力在一个较小的范围内完成一个相对小量的建仓任务。一旦股价拉升成功，那么这些相对低位买进的筹码就成为主力自己的获利盘。如果操盘手技巧高超，那么做一波回升行情是可以获利的，也就是说，可以降低自己的持仓成本，尽管对总的持仓盘子来说降低的幅度非常有限。

第三种征兆: 盘中出现一些非市场性的大单子

很多时候, 会突然在盘中出现一些非市场性的大单子。例如, 在日成交 30 万股的行情中出现 3 万股、5 万股甚至 10 万股以上的单子, 而且不只一两次, 挂单的价位距离成交价较远, 往往在第三价位以上, 有时候还会撤单, 有一种若隐若现的感觉。

这种较大数量的单子由于远离成交价, 实际成交的可能性很小。因此, 极有可能是主力故意挂出来的单子, 其用意就是告诉市场: 主力已经在注意这家股票了。主力既然要让市场知道, 那么股价的结局就是上涨或者下跌而不会是盘整, 当然主力希望市场认为股价要上涨, 但我们不能排除下跌的因素, 除非有其他的细节能够排除这一点。但有一点是可以肯定的, 主力在大量出货前有可能做一波上涨行情。

第四种征兆: 大盘稳定但个股盘中出现压迫式下探走势, 而尾市往往回稳

这种走势比较折磨人, 盘中常常出现较大的卖压, 股价步步下探, 但尾市却又往往回升。

毫无疑问, 这种走势的直接后果必然是引来更多的割肉盘, 但若无外力的干扰, 这种脱离大盘的走势在成交惨淡的行情中很难出现, 因此一般是有主力在其中活动, 否则, 起码尾市股价是很难回升的。为了使这类走势成立, 主力肯定需要加一些力, 因此盘中会出现一些较大的卖单, 甚至会加一些向下的对倒盘。总之我们可以仔细观察其交易的自然性, 一般来说会有很多疑点让我们研判。

主力将市场上的割肉盘都吸引出来, 那么其目的也就很清楚了, 无非

是加大建立短期仓位的力度，就是希望买到更多的低价筹码。这是一种诱空的手法，让市场在此位置大量割肉给主力，然后主力再做一波行情。通常主力会在股价的回升过程中尽可能地将前面买进的筹码倒给市场，从而达到既维护股价又摊平原有持仓成本的目的。

我对树儿说："在这里分析了 4 种可能出现启动征兆的情况，其实，这 4 种情况有一个共同点：主力要建一些短期仓位。根据这些仓位的量，可以对后面股价的上升幅度有一个大概的判断。原则上建的仓位越多，股价的升幅就越高，但最终的结果还是取决于股价起来以后市场的认可程度。"

第五章

牛市的走势逻辑

我和树儿聊着聊着便聊起了 2005 年 6 月 ~ 2007 年 10 月那一段牛市。

犹记 2005 年 5 月那是上一个熊市的尾盘，直到 2005 年 6 月 6 日 ~ 2005 年 12 月 30 日，大盘上证指数从 998 点涨到 1,160 点，涨幅约 15%，沪市日均成交 88 亿元，基本结束了熊市的影响。

指数涨幅微不足道，不过大盘在 2005 年 12 月的最后两天一举突破了年线这一牛熊分水岭。在此期间，中小板个股平均上涨约 50%，上证 50 涨 23%，沪深 300 涨 21%，很明显市场的领涨板块是小盘股，这一点与前期的"中小板牛市"极为相似。彼时恰恰是中国股市正在经历的一个特殊时期，两大题材日后支撑起了整个大牛市。

| 股市改革 | ← | 两大题材 | → | 汇率改革 |

大牛市需要伟大故事

我对树儿说："你知道 2005 年中国股市给我最大的启示是什么吗？大牛市需要伟大故事，当政策利好出现时，往往意味着股市将会有大的波动。"

直到 2006 年，从 1 月起直至 7 月 6 日，大盘上证指数从 1,160 点涨到 1,700 点，涨幅约 45%，沪市日均成交 211 亿元，较前一波放大了 1 倍，大盘一路杀到之前的熊市"铁顶"1,700 点，并在此点位出现反复。

在此期间，沪深 300 涨 87%，上证 50 涨 82%，中小板涨 50%，市场首度出现普涨格局，98% 的个股上涨，资金开始流向蓝筹股。涨幅超过 100% 的股票多达 270 只，新疆众和（600888）、驰宏锌锗（600497）等有色金属股以及辽宁成大（600739）、中信证券（600030）等券商概念股集体爆发。其中，有色金属板块走出翻番行情。

树儿接着我的话说道："回忆 2006 年，总的来说，在经济加快增长、宏观调控温和的背景下，市场开始摆脱熊市阴影，市场也在 2006 年 5 月恢复了融资功能。我觉得这很大程度上也为牛市的出现奠定了基础。"

的确，从 2006 年 7 月 7 日至 2006 年 12 月 14 日，A 股大盘上证指数从 1,700 点涨到 2,245 点，涨幅约 40%，沪市日均成交 254 亿元，较前一波微幅放大，大盘在所有均线都呈多头排列的架势下一举冲过 2,245 的历史最高点，确立牛市格局。

在此期间，上证 50 涨 43%，沪深 300 涨 26%，中小板反而下跌 1%，所有个股的平均涨幅不到 10%，仅 56% 的个股上涨，市场第一次出现"二八现象"。在最重要的历史关口，大盘权重股成为领头羊，金融和地产成为急先锋，大涨逾 30%。涨幅超过 100% 的股票仅 16 只，地产占据半壁江山。

此时宏观经济开始出现"偏热"迹象，市场流动性过剩、A 股市盈率达到 30 倍。指标股启动后，市场所有板块都已经历了上涨，而在此关键点位带头冲关的金融地产也成为此后大牛市真正的龙头板块。

时间走到 2007 年 2 月 26 日，大盘上证指数从 2,245 点涨到 3,000 点，涨幅约 30%，沪市日均成交 743 亿元，较前一波急速放大了 2 倍，市场开始多次出现 3% 以上的跌幅，但很快就能再创新高，大盘在震荡加剧中来到 3,000 点，市盈率超过 40 倍。

在此期间，沪深 300 涨 58%，上证 50 涨 56%，中小板涨 36%，99% 的个股上涨，市场第二次在放量的情况下出现普涨格局，牛市进入新一轮炒作。板块方面百花齐放，个股方面，涨幅超过 100% 的股票达 95 只，权重股中海通证券（600837）大涨逾 300%，参股券商概念的雅戈尔（600177）、辽宁成大（600739）也实现翻番，低价股和题材股表现活跃，资产重组、整体上市、券商、3G、有色金属、年报行情等热点此起彼伏。

可见，在突破重要关口后，牛市的炒作风生水起，题材股再度进入黄金年代。这也是我们寻找题材股的最主要动因：无论牛市还是熊市，题材股永远有市场。

2007 年 2 月 27 日～ 2007 年 5 月 29 日，大盘上证指数从 3,000 点涨到 4,300 点，涨幅约 40%，沪市日均成交 1,470 亿元，较前一波再度放大 1 倍，市场几乎以 45 度角的直线刷新新高，仅有的几次回调也以单日回抽的方式完成，市盈率已没有参考意义。

在此期间，沪深 300 涨 72%，上证 50 涨 44%，中小板涨 45%，所有 A 股平均上涨 88%，99% 的个股上涨，市场继续普涨，而大盘蓝筹股则相对表现疲弱。纺织服装、房地产、公用事业等涨幅居前，涨幅超过 100% 的股票多达 509 只，这充分反映出市场已不再理性。仁和药业（000650）、浪莎股份（600137）等个股股改复牌后大涨逾 500%。

2007 年 5 月 30 日～ 2007 年 10 月 16 日，大盘上证指数从 4,300 点涨到 6,124 点，涨幅约 40%，沪市日均成交 1,500 亿元，成交量已不再放大，基金主导指标股发动了蓝筹泡沫行情，A 股市盈率超过 60 倍。

在此期间，上证 50 涨 61%，沪深 300 涨 43%，中小板涨 1%，而 A 股平均仅上涨 7%，仅 43% 的个股上涨，这是一个超级"二八行情"，指数与个股表现出现严重背离。采掘、有色金属、金融、钢铁等权重板块"大象群舞"，而下跌的板块多达 40%。涨幅超过 100% 的股票只有 54 只，其中，山东黄金（600547）、西山煤电（000983）等资源股上演了最后的疯狂。

回忆起 2007 年 9 月，我国当时 CPI 已突破 6%，管理层针对股市和楼市的暴涨也在采取稳压政策。这也是为什么在 10 月之后，市场在量能无法跟进的情况下随全球股市一起见顶，A 股史上最壮丽的牛市行情结束于蓝筹泡沫，次轮牛市终结。此后，A 股在长达一年多的熊市中，蓝筹板块再无表现，题材股的"说故事"行情再度流窜于市。

牛市疯狂的炒股经历

回忆起那段时间，我和树儿的脸上满是兴奋的表情。树儿说："咋说呢？我当时就是见大家都炒股赚了钱，所以才动了想要炒股的心思。"

"但是没想到入市的时间不对，没赶上股票市场的好时候？"我打趣道。

树儿瞪了我一眼："你别老拿这件事儿揶揄我，我这不是一犹豫就犹豫过了吗？我又不像你是十几年的炒股老手，没把握好进场的时间很正常。但是不说别的，我身边有很多朋友，都是在 2005 ～ 2007 年那段时间开始炒股的，赚钱的人不少。比如我的好朋友王静，同样是炒股新手，但是赶上了牛市的行情，一年就赚翻了。"

紧接着，树儿迫不及待地向我讲述了他的好朋友王静的炒股故事。王静是在 2006 年 8 月前后入市，在她入市时，大盘上证指数大约停留在 1,650 点，直至 2007 年 9 月，大盘上涨了 3 倍，她的资金从原来的 15 万元，翻倍涨到了 85 万元。

树儿所讲述的王静的炒股经历，十分符合大部分初入股票市场的投资者经历，在此也分享给各位读者。当然，像王静这样能够通过学习提升炒股技巧最终实现获利的人还是比较少的。王静起初的选股原则十分正确——找自己熟悉的股票，如贵州茅台、青岛啤酒等常见的消费品股票。

同时，王静还选择了市盈率较低的品种，因此她前前后后投入了两万元购买了中国联通、青岛啤酒等股票。恰巧中国股市处于牛市当中，不到两三天的时间，她的资金账户就涨了 1,000 元左右。从没有这么快就有收益的王静有些慌张，因为是炒股新手，她摸不准是自己太幸运还是股票的涨势好，所以只要市场稍有震荡她就逃之夭夭。

不过，这种短线反复操作给了她很大自信，认识她的人都夸她短期内能赚一千块钱很厉害，这让她的内心有些膨胀，甚至感觉自己就是一名股票老手。

王静那段时间总是追涨杀跌，每隔几天就换一只股票，两三个月下来买了不下 30 种股票。当然，即使处在牛市当中，也有赚有赔。没过多久，王静一算总账，扣掉手续费，自己在股市中的实际收入不到 1,000 元，而大盘上证指数却涨到 2,000 点。

她总结了过去的操作，发现关键的原因是自己操作太过于频繁，而且不应该随便听取别人的建议，自己没有主见。此外，她还发现，股票有的涨得快，有的涨得慢，她的主要问题在于不知道如何准确地找到涨得快的股票。

后来她放宽了一些择股条件，重点考虑每股收益增长速度、领涨股、机构介入等因素，终于选出几十只股票。在这些股票当中，她通过自己长时间的分析发现有色金属股票居多，当时这些有色金属股已涨了很多，但是各项指标仍然很好，看起来还有很大的成长空间。最终，王静最终选定了焦作万方和孚日股份这两只股票，并且分别以9.3元和9元的价格买入。

2006年是中国股市上涨的一年，在这一年中，王静挑选的两只股票全部启动，她刚刚买入不久就产生了收益，她更加相信自己所挑选的这两只股票以及自己认定的选股方式。因此，她当机立断将自己的13万元的存款投入进了这两只股票当中。当时，她购买的这两只股票价格分别为10.2元和10.5元。

说到这里，树儿十分羡慕地说道："我就一直很羡慕她这种雷厉风行、敢想敢做的做法，我要是在2005年果断进场，说不定能多赚几年钱，等到2008年股市下跌还能有东山再起的机会。不过我可能做不到像她那样，对自己的选择充满信心。"

的确，按照树儿的说法，2007年年初股市上证指数已接近3,000点，有些股票已逐渐进入调整期，不少人都纷纷抛售股票，但王静却对自己挑选的这两只股票信心十足，并没有因为股市整体调整就卖掉。经历了3个月的上涨，两只股票涨了1倍多，进入调整期，王静感觉这两只股票可能上涨的空间不会太大，便卖掉手中持有的股票，选中了中孚实业。

说到这里，我仔细回忆了一番。当时中孚实业一季度每股收益0.72元，才二十几元的价格，收益比焦作万方好，盘子也不大，价格不高，对个人投资者而言是很好的优质股，非常适合投资。果不其然，从树儿的口中，我得知王静全线买入，当时的买入价是27元。

"王静刚买入中孚实业的时候就遇到股价调整至最低23元，那时市场极度恐慌，我们身边很多炒股的朋友都劝她赶紧卖掉，但是王静一直坚持持有，等到中孚实业涨到了 70 元才卖掉。"树儿向我讲道。

我估算了一下，按照树儿所说的王静的投资经历，在这短短的一年多时间里，王静的资金翻了 5 倍不止。

我和树儿看着中孚实业的走势图，不禁调侃道："幸亏王静都卖了，否则就被深度套牢了。她的好运气都运用到股市中了。"

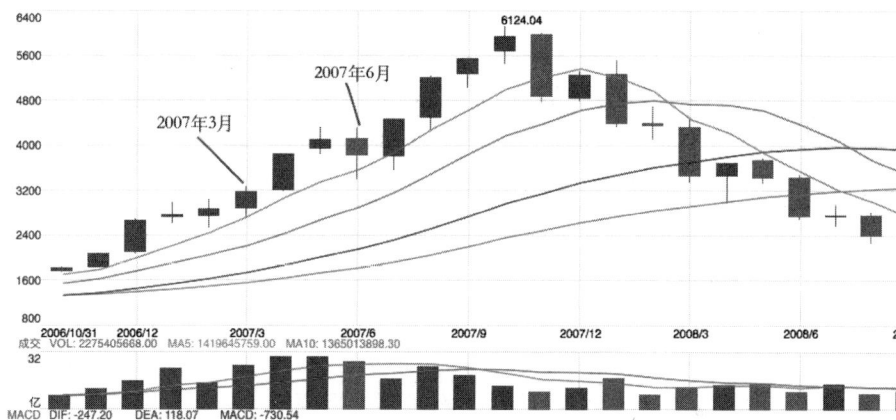

通过王静的投资经历，大致能够总结出股票买卖的一些小原则，这些小原则恰恰也是价值投资过程中的一些基础知识：为所选择的股票估值；要给自己设立安全边际，而且随着股价上涨相应提升安全边际，跌破止损价就卖出。

同时，根据自己的经验，我认为股票投资重要原则有如下 4 点。

股票投资原则	要选择好的股票
	采用买入持有策略来操作
	设定自己的卖出原则
	要随时盯住股价涨跌情况

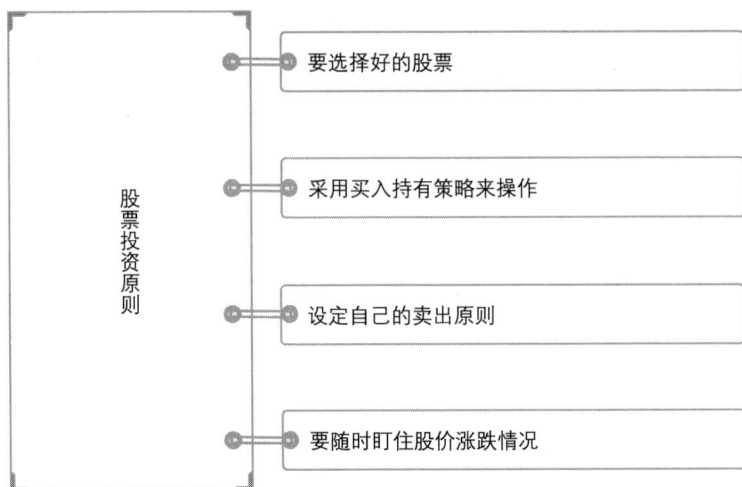

听了我的总结，树儿笑着说："你就是特别会总结，我如果见证王静的投资经历还能总结出这些经验，肯定早就成炒股高手了。"

在牛市中应大胆选牛股

"虽然牛市中的大部分股票只要买入都是赚钱的，但是要像王静那样从中挑选出一只真正的大牛股其实并不是那么容易的事情。"树儿一边喝茶一边感叹道。

这话绝对没错，真正高明的投资者，即使是在牛市，在大家都赚钱的行情下，也能够比普通的投资者赚得更多的盈利。

和树儿聊起 2006 年前后的那一段牛市，突然让我想起一件事情。大约是在 2005 年 9 月，我的一个老朋友对我说，他觉得当时中国股市即将迎来牛市，在彼时进入股市投资的风险不大。正如大部分人所认知的那样，我的朋友也认为在牛市当中随便买什么股票都很容易赚钱，所以他凭感觉买入了几只股票。但是理想与现实是有差距的，我的这位朋友并没有像自己预计的那样，在牛市来临时赢得满堂彩，反而小额亏损，最后因为承受不了风险而在股市处于这样一个大好光景之下匆匆离场。这件事情不仅让他大受打击，也让围观的人瞠目结舌。

曾有人这样犀利地说过："当飓风来了的时候，猪站在风口上也会飞，但是猪不会一直飞。"这个比喻虽然欠妥，但恰恰是在牛市当中投资者的众生相。如果所有的投资者都把自己赚钱的全部希望寄托于牛市，那么飓风就像流星，不仅很快就会过去，而且会将站在岸上的投资者全部掀翻。

树儿听了我讲的故事后问道："也就是说，在牛市中亏钱的大有人在！"

我答道："当然，即使牛市疯狂来袭，也不是谁都能赚钱的。"

树儿说道："在牛市中如果能总是抓住黑马股，就能获得超额收益。"

我打趣道："天天抱着涨停板睡觉。"

2005 年 5 月 ~ 2007 年 10 月，中国股市从 998 点一路涨到 6,124 点，迎来了两年的大牛市，在牛市中所有股票都要涨、大盘不断创造出历史新高的情况下，A 股市场投机性强，长期持有风险难测，因此，想要在这样的牛市当中找到一匹黑马，完全可以采用短线狙击法，以冒短线风险的代价来化解系统风险。就我个人的投资经历而言，在牛市期间，对于短线操作我最多能够接受的安全边际为 10%，一旦超出我个人的承受范围就立刻止损。

因为我知道，在牛市中所有股票都要涨，只是时间问题，那么落后于大盘的股票就是你抄底的对象，这时应用的就是 β 系数理论。

树儿一脸茫然地说："β 系数理论？"

相信很多投资者都和树儿一样，不完全了解这些基础知识。β 系数是指个股走势与大盘的背离程度。中国股市牛短熊长，运用 β 系数，一年到头都有个股做。其中，β 系数的公式如下：

β＝（个股涨幅－指数涨幅）$\times K \times 100\%$

K 值在指数下跌 1% 以上取 1.2，上升 1% 以上取 0.9，两者之间取 1。β 系数主要检验个股的强弱度。

如果 β 为 1，则市场上涨 10% 时，股价上涨 10%；市场下滑 10% 时，股价相应下滑 10%。

如果 β 为 1.1，则市场上涨 10% 时，股价上涨 11%；市场下滑 10% 时，股价下滑 11%。

如果 β 为 0.9，则市场上涨 10% 时，股价上涨 9%；市场下滑 10% 时，股价下滑 9%。

如果 β 系数为负数则表示偏离程度大，对这样的股票要密切关注，如果基本面好，有题材就表示主力在刻意打压吸货，你要勇敢地跟进。

我对树儿说："一般是以 10 日或 30 日均线为准抄底。其实老实说，我虽然始终坚持价值投资，但实际上在 2005 年前后我频繁进行短线操作，不过结果还是比较喜人，我失手的比率不到 10%，获利或持平的比率在 90% 以上，其根本原因就是我遵循了这个原则。"

树儿恍然大悟，接着问："那么你如何逃顶？"

"我的经验是短线破 5 日线或 10 日线走人。"我简明扼要地回答道。

10 日线是股票强弱的分水岭，破 10 日线则非常可能进入整理阶段。如果破 10 日线时你没有走，那么不要紧，等下一波行情。在牛市中你损失的仅仅是时间，在熊市中一般是长期套牢。如果这只股票一直在 5 日线上面运行，则表示这只股票很强势，可以观察。

我对树儿说："波浪理论告诉我们，第二波一般为第一波长度的 1.618 倍，或许这对你判断顶点价格有帮助。你完全可以套用公式：（上次波段最高价－最低价）×1.618+本波段最低价＝顶点价。"

这个理论属于黄金分割理论，我以最大的一只股票上证指数做试验，因为个股大多和指数一起波动。本人预测本轮行情的顶点将是一个复杂的顶，其区间按照 12 月 8 日上证指数大阴线波段的起点 2,085 点计算，大盘将到（3,145-2,085）×1.618+2,541=4,256 点。按照 8 月 7 日的上证指数最低点 1,541 点计算则是 (3,145-1,541)×1.618+2,541=5,136 点。所以，我在 2005 年估算出上证指数应该能见到 4,256 点，可能在 5,136 点附近见到本轮牛市行情的大顶。事实也证实了我的个人预测。

树儿兴奋地说道："有了这些指标和公式，天天抓涨停板成为可能？"

我苦笑道："在牛市中，这些指标基本有效，即使选错了股，也不用担心被套牢，总会涨回来的，然而在熊市中，很多指标是失效的。在股市中并没有完美的投资策略。想要获得超越市场的收益，就得多承担一些风险。"

勿用熊市对比大牛市

我和树儿陷入了 2005 ~ 2007 年那段时间的牛市回忆当中。在两年多一点的时间内，这轮牛市中涨幅最大的 10 只股票，普遍涨了 30 倍以上，最高达到 58 倍。

所谓"当局者迷"，当时处在牛市当中的不少投资者却草木皆兵。直到 2007 年 4 月为止，依然有很多人在用熊市思维衡量大牛市。

这时，我忽然想起了一个朋友的炒股经历，我问树儿："你还记得王军吗？"

树儿点头道："当然记得，王军当时是某企业的高管，年收入百万元，本职工作做得风生水起，他自 2006 年开始重仓交易，我记得那时正是牛市开始发力的时候，但是不知道为什么，他后来突然就在几次空仓后离场了，不知道他是怎么想的，如果他保留资金到 2007 年，那么一定会获得很大的盈利。"

我苦笑着摇头答道："每一次股市中大盘上涨，都会让王军陷入极度恐慌，生怕这就是股市头部，然后他拒绝听我的劝告，坚持空仓等着大跌。但是，事实却是大盘一直不给他大跌的买进机会，王军因为这种"熊市思维"白白损失了盈利的大好时机。不仅如此，就在大盘真实下跌的时候，他仍旧不敢立刻买进，因为他想要等待更低的价格。"

王军的行为是由他的心态导致的，这也是个人投资者中十分常见的熊市心态，这种心态在牛市中也十分常见。就像 2007 年前后，很多像王军这种所谓的"高手"实际从大盘冲过 2,245 点历史前高点后就完全看不清楚大盘了，除了口号式的喊空外没有任何办法，看着大盘从 2,200 点上行接近 3,200 点，却无能为力。当时我印象尤为深刻的就是，和王军每一次聊天时都会听到他自己安慰自己"这只股票过两天一定会跌，那时候一定是我进场的好时机"。

其实，除了我的朋友王军，这种水平的"炒股高手"在股市中数不胜数，但在我看来其根本就不能称为操盘手，最多就是一个无法稳住心态的"投机者"。在 2007 年 4 月前后，很多人错过了将近 1,000 点的上涨行情，正是因为他们都不明白大盘为什么这样走。

我回忆道："树儿，你还记得我在 2007 年 3 月 26 日前后推荐大家买华夏银行（600015）、民生银行（600016）和招商银行（600036）的股票吗？当时我的股评一放出来就收到了很多质疑，甚至还有人说我误导大众，并且这群人坚定地说这几只股票不会涨，大盘已经见顶。结果怎么样？听我的建议买的人都赚了。这就是我们的预测和提前布局能力，可惜没有几个人相信，有些人只想赚得快，天天追涨，结果高位被套的总是他们。"

在 2007 年前后的牛市当中，我的操作原则就是"大涨出，大跌买，逆向操作"。我布局分析的道理很简单，指数期货成分股只有 300 只股票，包括之前一直看好的华夏银行（600015）、民生银行（600016）等权重股。一般指数期货出前大涨，出后大跌，这是美国、日本、韩国的股市规律，虽然不一定完全和中国一样，但是期货推出的 3 ～ 4 月是个股和权重股炒作的黄金季节，特别是成分股中的低价股和前期调整充分个股。应该说在 2007 年 4 月 1 日出现的放量跳水就是要反复地洗出不坚定持股分子，让他们在更高的位置接盘。

树儿恍然大悟："其实，就是不要用在熊市中的那套思维去评估牛市，在牛市中就要大胆选股，耐心持股待涨。"

在牛市中心态可别失控

树儿回忆自己在 2005～2007 年的股票投资经历，不无感慨地说："我就是在牛市当中找到了太多的自信，感觉自己已经是一个炒股高手了，听不进他人的劝告，贪婪的心理让我失去了理智，导致我几次重仓。唉，要不怎么说人在投资过程中最忌讳的就是贪心，'贪心不足蛇吞象'，我可是被自己不成熟的投资心理绊了一大跤。在牛市那么好的大环境下，怎么可能会有人忍得住呢？人人进到股市中都是为了赚钱，心态调节不好真是要不得啊！你说，在牛市中究竟应该怎样调整自己的心态呢？"

我喝了口茶，淡淡地说："平常心。"

其实，处在牛市当中，说句不好听的话就是"怎么买都赚钱"，除了树儿，我身边还有不少投资股票的朋友，在 2005～2007 年这段时间的牛市之中，我听到最多的就是某人短期内赚了多少钱，好像一下子人人都成了高手，很多赚钱少的朋友甚至都不好意思在聚会的时候说自己究竟赚了多少钱，尤其是价值投资者，当大众疯狂时可能手中已无股票了，自然盈利不及在牛市中敢于重仓买入的人。但是，我却始终是价值投资的坚定者，正如巴菲特所说的那样："投资是长远的事业，只有保证长期的高收益率才算真正的盈利，或者一次盈利后退出市场永远不再进入股市。在牛市中，心态调整不当也是十分致命的，尤其是对短线投资者而言。"

正如我所说的那样，很多炒股票的投资者互相明里暗里比较盈利，攀比正是牛市中投资者常见的心理之一。若与赚钱多的人比你永远都是赚得太少，但反之实际上也有许多人赚得比你少甚至亏损，投资是长跑而非百米赛跑，是一生的理财手段而非一夜暴富的工具。

短期内赚得比别人少，不代表投资方式就是错误的，多少投资大师在互联网泡沫未破裂时被讽刺落伍了，在疯狂牛市未结束时被讽刺还不如普通投资者收益率高，但时间证明价值投资大师的长期收益率还是无人能比，一时的疯狂并没有让多数参与牛市的人致富，反而最终因贪婪而亏损。

价值投资方法在牛市疯狂时不如普通投机方法正是因为此时已无价值股可买，坚持价值投资而不买入高估的股票自然收益率会落后于别人，但并不代表这种方法错误，只赚有把握的钱才能保证长远的盈利，不计较一时盈利的高低也是在提升自己的投资水平，坦然地面对别人投机的成功，是因为知道价值投资是保证长远盈利的最佳方法，就像做生意，每个行业都有赚钱的有赔钱的，有各种各样的赚钱方式，但投资者找到自己赚钱的方法才是最重要的。

贪婪则是牛市中最明显的人类心理。就像树儿这样，从一开始的200万元，一路加仓到420万元，正是由于贪婪所导致的。我始终坚信已被价值投资大师证明和自己实践后，所总结出的价值投资方法是克服急于贪婪赚钱心理的法宝，经常回顾一下自己通过价值投资方法赚钱的经历和采取投机方式赔钱的教训也会平复不平衡的心理。只赚自己有把握赚到的钱，用自己的方式赚钱才最正确。在牛市中赚钱运气的成分很大，并不能证明投机就是最赚钱的方法，利用投机赚到的钱最终还是会投机地赔进去。记住自己想要的是什么，想怎样赚钱，可以怎样赚钱，有什么样的赚钱能力，适合什么样的赚钱方式，在比较别人赚钱时反思一下也是提升自己的方法，不然会被别人左右重新进入投机者行列中，投资转投机很容易，投机转投资难上加难。

巴菲特曾经说过："潮水退去后才知道谁在裸泳，身处牛市之中时多数人都会有所盈利，其中赚钱多的自然会得意自己的成果，以为自己也是高手了。"这句话其实意味着，在牛市中赚钱并不能体现投资水平的高低，因为牛市的不断上涨最后就变成了投资者之间的"博傻"，就看谁敢买高估值的股票，越涨越敢买的人在牛市中赚得往往比价值投资者多得多，但最后的结果一定不如价值投资者。

只要你不永远离开这个市场，就会经历从牛市回到熊市的过程，只有在熊市之中才能验证最终牛市的成果是否还在，只有经历多个牛熊循环还能年年赚钱才是真正的盈利，但只要在这个股市之中就随时都有亏损的风险，不要因一时的盈利就得意忘形，要记住长远的盈利才说明成功，一时盈利的人要看他今后几年是否还能保持这种盈利能力，如果真能盈利就说明他很高明，是值得我们学习的，但更多的投资者是将在牛市中赚到的钱最终在熊市中又还给了市场。

想要守住牛市中的芳华，就要保持良好的投资心态。我对树儿说："你的心态就是你真正的主人，要么你去驾驭生命，要么生命驾驭你。你的心态决定谁是坐骑，谁是骑师。因为每个人不能延长生命的长度，但可以扩展生命的宽度，就如同你不能改变天气，但你可以左右自己的心情；你不能控制环境，但你可以调整自己的心态。一个健全的心态比一百种智慧更有力量。生活中，一个好的心态，可以使你乐观豁达；一个好的心态，可以使你战胜面临的困难；一个好的心态，可以使你淡泊名利，过上真正快乐的生活。做股票同样如此，'心态'决定你长期的利润，决定你的成败。不要太纠结于短期的东西，频繁的操作都是影响你心态的重要因素，做股票投资要的就是一颗平常心。"

我对树儿说的这番话，实际也是在提醒自己，在股市中进行投资，无论技术基础知识多么丰富，或者自认生活阅历多么丰富，最终都敌不过"投资心态"。一个适合做投资的心态，还得在不断面对诱惑和挫折的这一过程中磨炼出来。投资者想要做到真正克服人性弱点，征服贪婪、恐惧、立场不坚定、盲目自信等欠缺，做到知行合一，当然这一历程是十分艰苦的。

树儿打趣道："我看你心态就一直特别好，你就是投资者中的'淡定玩家'，遇事都非常淡定。"

我也开玩笑地说道："对啊，这样对心脏好。你知道为什么坊间都说价值投资者大多长寿吗？最根本的原因是价值投资者的价值观普遍十分阳光，并且投资心态是乐观的，大部分价值投资者对市场有充分的分析，通过实际数据相信投资未来是美好的。价值投资者不像投机者，不是以赌博的心理在市场中反复进出，而是选择和优秀企业一起成长。可以说，价值投资者想要追求的核心是共赢。价值投资者相信被市场错杀的价值一定会回归，而成长型价值投资者相信企业会越来越好。说来说去，其实我真正想说的就是牛市中的投资心态非常重要，不要期望一夜暴富。你看现在市场中那么多年轻人，还在上学就已经是'老股民'了，这些年轻人如果心态良好那么在股票市场中会更具优势。试想一下，如果这些年轻的价值投资者能够每年保持5%的收益率，那么5年或者10年之后的收益就会非常可观，况且心态好，身体好。所以，健康长寿和长期投资是财富积累的必要条件。"

树儿连连点头："你说的这些话真是太对了，在2006年牛市那会儿，我恨不得天天盯着大盘数据走势不吃不喝，险些把身体熬坏了。听你这么一说，我真觉得贪婪、攀比心态要不得，还是平常心最重要。"

第六章

在熊市中谋划

在 2008 年股市下跌之时，及时抽身的我见证了深陷泥潭的投资者的挣扎：有的投资者开始消极和抑郁，认为股市是绞肉机，发誓不再进；有投资者"痛"并乐观着，认为股市涨跌都正常，漫漫熊途总有终结的一天。当然，更有激进派投资者仍在积极参与，希望博取那几次珍贵的反弹……

这一年的股市让投资者无论是性格暴躁的硬汉，还是充满激情的小生，都变得无比隐忍。

还好，过去的终将过去，在年终岁尾，面对这几百个点的反弹之后，反思自己走过的路，最终还是要说：2008 年，我走过来了。

吸取熊市炒股教训

在 2008 年这一年，牛熊大转换，"10 年黄金牛市"预言被刺穿，股市从上证综指 6,000 点变成了不到 2,000 点，无数投资者辛苦多年的血汗钱转眼变为云烟。

实际上，很多在 2008 年行情当中亏损的投资者都对那一场熊市讳莫如深，对于自己究竟损失了多少资金也是含含糊糊甚至缄口不言。

再度回顾中国股市在 2007 年 10 月至 2008 年的行情，我们两个人都十分感慨。

2007 年年底股市开始下跌，之后的 2008 年年初，政府推出了多项政策。例如，允许一些共同基金等新型投资工具进入市场。

直到 2008 年中期，市场又有变动。

2008年中期市场变动风险

1. 股市较峰值累计下挫35%，彼时政府下调了证券交易税

2. 当跌幅达到50%并进一步扩大时，监管机构宣布将引导官方资金进入市场

3. 股市继续暴跌时，政府向投资者承诺会由官方资金买入更多股票

2008 年 9 月，当股市较前一年的高点下跌近 70% 时，中央汇金投资有限责任公司承诺买入主要上市银行的股票，同时国有企业回购自身股票。

尽管监管机构 2008 年采取了修改融资要求、敦促金融机构回购股票以及降息等措施支撑市场，但仍未能阻止股市下跌。

虽然我已经在 2007 年 9 月及时地撤离了股市，但我身边有很多朋友却没有能够及时地从行情中撤离。树儿就在这次过山车一般的行情中从 400 万元亏损到 100 万元。

2008 年对树儿来说注定是不顺利的一年，在这一年的股海沉浮中，他一边亲自操刀一边聘请顾问操作，投入了 400 万元人民币的大资金量在股市中搏杀进出，最终却仅剩下了 100 多万元，平均算下来亏损了七八成。

"炒股难过做实业"，这是树儿经历了 2008 年的股灾之后得出的结论，的确，事实也正是如此，树儿还是重新脚踏实地地做实业，直到 10 年后也就是 2018 年的今天才再度杀回股市当中。

　　"我感觉我的 2008 年就是开着奔驰车潇洒入场，最后骑着三轮车灰溜溜地出来。"之前的某一天，我和许久不见的树儿相约在酒吧，酒过三巡，树儿不无感慨地用一句话总结了他的 2008 年。但是，如今的他早已解开心结，并且打算重新回到股票市场当中，他坦荡地说："愿赌就要服输，但是我更喜欢在哪里跌倒就在哪里爬起来。"

　　对树儿的这种心态我还是很敬佩的，毕竟不是所有人都有勇气和资本在如此大幅的亏损中选择东山再起。

　　重新聊起 2008 年的那一次股市大跌，我颇有感慨，听到树儿的经历之后，我更加清楚自己所做的决定是正确的。开启了尘封的回忆，树儿也打开了话匣子，他拉着我疑惑地问道："我分析了很久 2008 年的行情，还是不明白为何当年的股市突然就爆发跌到谷底了。"

　　听到树儿的疑惑，我解答道："其实事情并不突然，早在 2007 年年底市场就已经开始出现先兆了，我当时也提醒了大家需要注意。"

　　犹记 2007 年 9 月 21 日，沪市开盘 5,482.51 点，冲高 5,489.07 点、收 5,454.67 点、跌幅 0.28%、成交 1,506.84 亿元；深成指开盘 18,277.89 点，收 18,277.88 点、涨幅 0.04%、成交 796.53 亿元。

　　大盘在前一日的冲高之后，在阻力点上证指数 5,469 点位之前出现了震荡洗盘现象，虽然当天下午出现跳水，但是基本有惊无险，在指标股中国石化、工商银行、中国联通的护盘下，指数没有深跌。在大盘高位的时候，虽然指数频创新高，但上涨动能明显不足。大盘新股票发行速度明显加快，QDII 基金热销以及国有股减持的利空传闻，使当时市场资金面临考验，投资者应合理控制仓位，但是由于当时是机构时代，只要他们不出货，向下空间有限。

当天我照例给出股评：我们不做死多头也不做死空头，工作线上持股，工作线下休息，我说的是指数，也适合个股。

其实在 9 月 19 日，我根据技术指标的分析已经进行了预测，沪指日、周、月 K 线技术指标已经钝化，按照见顶必回调的原则，后市可能出现几天调整，结果 9 月 20 日大涨，有点出乎预料，但是我在 9 月 20 日大涨的时候坚决又卖出了 60% 的股票，只在尾盘买进了一点股票，不然就仅剩下了 1/5 的仓位了。

当时，我在进行这样的操作时，身边很多朋友都对我的做法十分不解，在他们看来，大盘涨得很好，为什么我会预见到波段的顶端呢？随后，股票的走势印证了我的看法。

直到 2007 年 9 月 26 日，两市总计成交量只有 1,576 亿元，接近周一沪市一个市场的成交量，显示当前市场资金缺乏，杀跌盘并不是很大，但是承接盘不够只能向下跌，当前沪指已经跌进了 35# 箱体：箱底 5,148 点，下强支撑位 5,183 点，上强支撑位 5,323 点。最低点 5,320 点接近 5,323 点的强支撑位，收盘收在此点之上，显示此点还是有支撑的。

直到 2007 年 10 月，A 股到达历史顶点 6,124 点位，此时还有很多人对未来充满了希望，只可惜直至 2008 年 11 月，股价一路跌到了底。

树儿懊恼地说："你怎么没有提前警告我呢？"

"我怎么没有提醒？你还记得 2007 年 11 月底市场出现了一次小幅的反弹吗？我记得那是 2007 年 11 月 22 日，沪指成功跌破 5,000 点大关，缩量下跌，显示目前承接盘明显不足，就盘面来看，根本没有止跌迹象，当时不少股民仍旧怀抱着一丝希望。而我却始终不这么认为，并且预测隔日的股市很可能向 4,847 点进军，不仅如此，既然此时沪指已经跌破了 5,000 点附近的支撑，那么必然会见下一个箱体的支撑位。11 月 23 日，在昨天的恐慌下跌之下，晚上的股评可以说是看空一片，甚至有人看空沪指到 4,000 点、3,000 点。之前我在分析中也指出：只要跌破上一个箱体，就必然见下一个箱体的支撑位。沪指 5,000 点下方的强支撑位在八卦箱体的强支撑位在 4,881 点，而 4,847 点是箱底，如果你是短线高手，可以在 4,847 点附近抄底，一旦抄错，损失将超过 10%，还是要坚决止损出局。当天的最低点 4,896 点离 4,881 点的强支撑位仅仅差了 15 个点，表明此点位支撑比较强劲，当然不排除后期还有可能 3 次探底 4,847 点支撑，但是对于短线来说我个人认为今天是 2 次探底完成，未来即使是 3 次探底，4,800 点也不能破。很早就用我的 50% 理论指出了此点：（6,124.04-3,563.54）×50%+3,563.53=4,843.78 点，误差正负 2%，破了 4,800 点基本宣告牛市结束。同时，此点是支撑还有一个依据，就是半年线，一般牛市中的股价跌到半年线才有一波行情。"

听了我的讲解，树儿连连点头，说："对，我还记得那段时间大家都存有一丝侥幸心理，以为还能涨回去。那么你说究竟是为什么会导致当年的股市跌成那个样子呢？"

其实，树儿的问题也是众多受挫的投资者渴望知道的。

实际上，对于 2008 年行情的缘由众说纷纭，但实际上可以分为内在因素和外在因素两点进行考虑。

内在因素

国内资金压力巨大

2008年股市
动荡行情原因

外在因素

美国次贷危机

听了我的分析，树儿连连点头，感叹道："我当时太心急了，根本没有听你的劝告，也没有分析，就被赚钱欲望蒙蔽了双眼。"

"我就是太爱听风声、听消息炒一些题材股了。"经过 2008 年的那一次经验教训，树儿总结出了自己炒股失败的两个主要原因。

"400 万元炒成了 100 万元，其中固然有熊市的因素，另一半责任则是我操作上的错误。内外因各占一半吧。"树儿如是总结自己的经验教训。

作为多年的老股民，树儿在 2008 年的投资"法宝"竟然是到处打听消息，短线投机炒卖"题材股"。当末年股市开始震荡走弱之后，他依然热衷于炒卖"题材股"，先后购买了东方集团、ST 新太等股票。这些所谓的题材股遇到牛市行情可能快速翻倍，但遭遇熊市却往往一泻千里，下跌速度快过大盘指数。

树儿越说越来劲："我不是为自己找借口，但是我炒股大亏，除了有我自己偏信传闻的缺点，还有一点就是我找的代理投资人操作太失败，没有准头。"

直到这时，我才知道树儿由于生意繁忙，一度找了几家代理机构代客投资，400 万元资金中，自己只控制了 150 万元，剩下的钱分给四五个"小私募"替他炒卖。

也许是因为给每个人的资金太少导致其操作积极性不高，也许是因为找到的代理人着实不靠谱，"小私募"对于他的钱实在不够负责。他们总是动用树儿的钱去推动题材股，自己反而乘机"坐轿子"，迅速获利了结。没等树儿的钱撤出来，题材股已经被挖光了墙脚，树儿的钱则做出了标准的高台跳水动作。

就这样来来回回，到 2008 年 11 月，树儿投资的市值由 1 年前的 400 万元炒剩了约 100 万元，直接损失在 75% 以上。

树儿再度提起自己投资失败的经历有些低落。我安慰道："这些事情已经过去了，我们回忆过去是为了了解将来，在这个时间点位上分析股市历次的跳水行情，我们更想知道的还是目前的调整会以何种方式结束。与股市见顶回落存在三条贯穿始终的规律一样，股市见底回升也同样存在历史的经验。"

在股市当中看今后行情调整时，要记住 3 个方面的因素：

（1）绝对低点的形成往往是由于政策面的变化。这其中有两种可能，即绝对的利好引起的突然反弹或绝对利空引起的一次性最后下跌，而对于今天（2018 年）的行情来说，调低印花税这样的利好也只是引发了短暂的二次反弹，市场仍然继续创出新低，也许后市指出的利好会使股指最终确认一个低点，但根据历史的经验，最低点即使出现也不意味着底部的完成和熊市的结束。

（2）整个筑底的结构是由市场技术面自发形成的，并不是确认一个低点就能够确认熊市结束。

（3）行情的最终反转需要整个宏观背景的支持。总结一下树儿的经历，其实也是大多数投资者在操盘过程中常犯的错误：不结合政策分析、过于自信、盲目听信传闻、过分相信投资机构。由此，我也总结出了熊市当中需要牢记的教训。

① 不要轻易抄底。新股民套在山顶，老股民死在抢反弹的路上，熊市是底在底下，底部会越来越低，所以不要轻易地去抄底，因为没有底。

② 利好出货。在大的下跌行情中不要盲目相信利好。在世界经济增长明显放缓甚至下跌的情况下，唯一的出路只能是逃避。周一又逢取消利息税的重大利好，可股市的回应却是展开新的下跌，因相信利好而入市的资金，绝对是"肉包子打狗，有去无回"。一定要记住，在下跌行情中，利好出台时往往就是逢高出局良机。

③ 经济趋势决定股市方向。不要主观臆测 A 股会独立于世界股市之外，周边股市跌了，A 股迟早会补跌，周边股市的大跌正是提醒我们及时出局的信号。

熊市中的选股思路

树儿听了我说的话连连点头，说道："我其实也意识到了，2007 年 9 月之前我真是买什么都赚钱，当时我对自己的操作也十分自信，感觉自己就像炒股大神一样，因为过于自大，导致自己忽视了市场整体大环境背景的影响。在 2007 年 10 月之后，我以同样的方式操作，却始终没有当初的感觉了，当股市出现几次反弹后我还信心满满，但没想到最终还是一赔到底。"

其实树儿的操作心理正是 2008 年大多数投资者的心理。正如树儿所说的那样，处在牛市当中，无论你选什么股都是对的，都是赚钱的。但是，牛市并不常有，股市几十年的历史中，真正的牛市也就只有寥寥几次。我对树儿说："其实你在 2008 年的想法也并不是完全错误的，当时大盘从 6,124 点开始下跌，其中抄底的人很多，直到大盘跌到 3,000 多点还有人继续补仓，正是因为很多人对自己的操作有自信，认为行情不可能再继续跌了，但实际上，结果显而易见，这部分抄底的个人投资者基本倒在了 3,000

点左右，甚至在行情跌到 1,664 点的最低点的时候有的投资者都不相信这就是底，还有人甚至预测这是重复了 2005 年 998 点的行情。"

树儿叹气道："牛市又怎样？熊市又怎样？想要赚钱的人无论什么时候都愿意进场赌一把，就看赚得多少，会不会操作。"

这话一点儿没错，只要在牛市当中，你选热门股票就会赚得最多，完全可以见谁涨得好就买谁，所以不要怕追涨，见涨就追，甚至不断做多。但是，处在熊市中则操作完全不一样，必须坚持工作线原则，否则可能严重亏损。什么时候选什么股、什么点位买入、什么时候可以操作、什么时候不可以操作都要有翔实的计划，在熊市中每一个动作都要有其原因。

我对树儿说："说白了，在熊市中最好的操作就是不操作。"

对此，树儿表示无法接受。树儿是风险喜好者，他如果手中一天没有股票就会觉得"难受"，他能够在反复操作中寻求刺激感，不断地买卖、进出，如果不是在 2008 年损失惨重，那么他一定不会离开股票市场。

果然，树儿继续问道："事实上，也有人在熊市中赚到钱了，像你就能够全身而退，说明在熊市中并不是没有股票可以操作的，而且一定有一些漏网的股票在熊市中涨得不错。"

树儿此话不假，硬要说来，在熊市中操作的确还是有股票可以选择的。

听到我这样一说，树儿顿时来了兴趣，连忙问道："快给我讲一讲，怎样才能够选到这种熊市大牛股呢？这样一来，以后假如历史重演，我也不至于毫无应对之策。"

在此，提供如下 4 种在熊市中选股的思路以供参考。

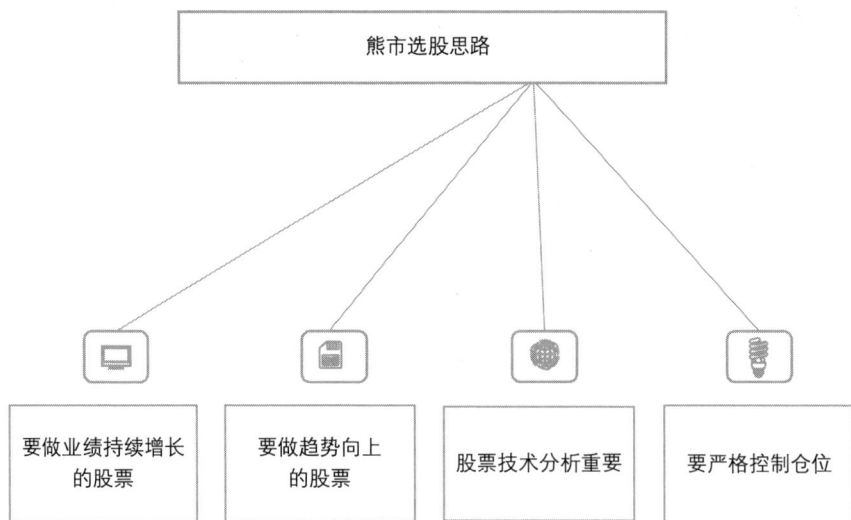

（1）要做业绩持续增长的股票。这也是我个人始终坚持的投资理念，在买股之前一定要做好公司的基本面分析和经济分析。符合国家政策导向的股票一般比较有爆发力。

（2）要做趋势向上的股票。想要在熊市中操作，投资者要做趋势向上的股票，并且有成交量的配合，如果没有成交量那么无论什么股票都很难涨。趋势向上体现在 K 线上就是顶在顶上的股票，即 K 线一个底部比一个底部抬高的股票。投资者应当逢低买进，逢高卖出。

（3）股票技术分析重要。虽然我始终坚持价值投资，但是这并不代表我完全否定技术分析。在熊市当中，技术分析就显得十分重要，那么必要的技术指标一定要有。要知道，在熊市中选股是很难的，技术指标不是唯一的参考标准，但具有重要的参考价值。一般来说，MACD 趋势向上的，0 轴刚出现红柱的比较保险；KDJ 指数中的 J 线低于 0 才能逢低阴线抢反弹。

（4）要严格控制仓位。遇到熊市最好的方法就是"休息"，如果你想操作，那么无论你买什么股票都要严格控制仓位，最高不超过半仓，一般可以选择 20% ~ 30% 的仓位。这样一来，在市场当中就能够做到进可以攻、退可以守。其实，在熊市当中选股，不要担心赚不到钱，资金安全才是第一位的，毕竟有可能一不留神就会倾家荡产。

降低持仓成本

树儿突然兴奋起来了，说道："只要操作得当，在熊市中还是有赚钱机会的。"

我肯定地说道："当然，可以说在任何一个行情中投资都有赚钱的机会，只是赚钱的概率大小问题，在牛市中赚钱是大概率事件，在熊市中赚钱是小概率事件。"

树儿似乎想起了自己在2008年亏钱的经历，兴奋转为沮丧，他说道："我身边也有很多像我这样没有来得及从股市中逃离的人，他们都在用多年积攒下来的钱甚至借来的钱炒股，他们真正关心的其实并不是怎样在牛市中选股找刺激，而是迫切地想要从市场中逃离出来，想知道如何在被套牢之后解套。"

我随手调出了2001～2009年的大盘走势图，说："股市在波浪中上升，在波浪中下降，等待或许是不得已的好策略，等待熊市转牛市。"

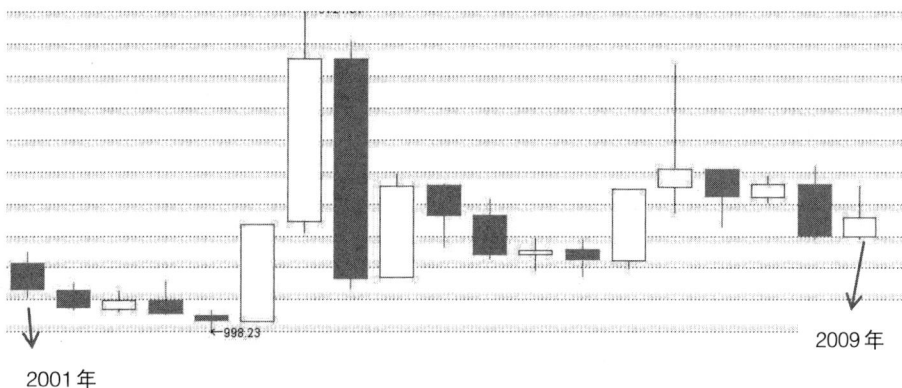

998.23

2009 年

2001 年

树儿说道："等待是令人煎熬的，除了等待还有什么更好的策略吗？"

我想了想说道："有时我们可以采取一些相对主动的解套办法。虽然我们无法控制股价涨跌，但可以通过操作技巧来减少亏损，降低成本或直至解套。"

看到树儿略带疑问的眼神，我举了一个简单的例子。一个投资者手中的股价开盘时是 8 元，在熊市当中可能会跌 4% ~ 5%，那么我们可以选在开盘时就卖出，而在跌到股价 7.6 元左右时买回，这样就是持有同样的股而手中增加了 5 个点的现金。

我告诉树儿，这也是一种常见的 T+0 操作方法。多数投资者知道低买高卖的方法，也就是在当天低位时介入，高位卖出，认为这就是 T+0 操作。但其实 T+0 操作方法有两种，一种是顺向的，也就是多数投资者知道的那种操作方法，而另一种就是我在举例时提到的方法。那是一种逆向的操作方法，也可以叫作反向 T+0。

当然，这两种操作方法的目的是一致的，也就是降成本，主动想法解套。两种操作方法的区别在于，顺势 T+0 时要考虑到当天的股价可能会上升，那样可以选择先在低位买入，然后盘中有高位就卖出，而对当天股价可能会下跌，特别是大盘可能大幅下跌并影响股价下跌时，可以考虑所说的反向T+0的操作，也就是先卖后买的方法。

树儿突然放下手中的手机，感兴趣地问道："T+0顺向和逆向具体应该怎么操作呢？"

我想了想，在纸上画了一张图，标出顺向和逆向的核心操作提示。

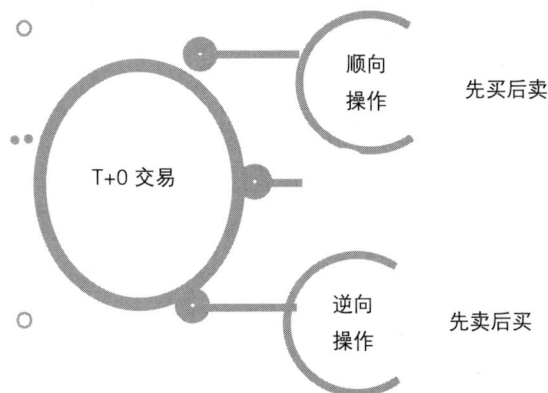

顺向T+0操作指股票买卖均遵守"先买后卖"的原则，即买入一些股票，同时待股价上涨到高位时，将手中原有的股票在合适的时机卖出，实现差价获利。因此，要想顺向操作，投资者手中要持有足额现金（能购买同等量股票的金额）。顺向操作可以分为如下3种情况：

（1）投资者手中持有一定量的被套股票，在某一交易日，该股票价格出现低开的情况，投资者可以趁此机会实现低买高卖。

（2）投资者手中持有一定量的被套股票，在某一交易日，该股票价格出现明显的上涨趋势，投资者可购买相同数量的同一股票，待股票价格涨到某种程度时，将手中原来持有的被套同一股票卖出，赚取差价利润。

（3）投资者手中持有的股票并未被套牢，如果投资者认为该股票上涨空间很大，则可在上涨幅度较高的交易日购买双倍筹码，因此实现赚取双倍利润。

树儿说道："先买后卖确实能大幅度降低持仓成本。那么逆向如何操作呢？"

逆向 T+0 操作则是先卖后买，因此要想逆向操作，投资者手中必须持有一定量的股票，无须持有现金。这也是顺向操作的不同之处。逆向操作也可以从如下 3 方面来讨论：

（1）投资者手中持有被套牢的相当数量的股票，突然某个交易日，该股票由于某种利好消息而出现股价上涨趋势，投资者可以趁股价上涨到某个高点时将手中所持有的该股票卖出，待股票价格增长迟缓并出现价格回落时，再购买同一品种股票，实现同一个交易日内卖出和购买，即实现 T+0 交易。

（2）投资者手中持有被套牢的相当数量的股票，突然某个交易日，该股票出现了低开走势，股票价格下降明显，投资者可趁机将手中被套牢的股票卖出，然后等该股票价格跌落到某个低点时再购买同一品种股票，实现同一个交易日内卖出和购买，同时也能赚取差价利润。

不过对于那些下跌空间仍较大的股票，应坚持止损原则，而不要盲目追低。

（3）投资者手中持有的股票并未被套牢，如果投资者认为该股票上涨空间很大，则可在股票价格较高时选择卖出所持有的股票，获取差价利润，然后等待股价回落，当股票价格回落到某个点时再次购买同一品种股票。

树儿说道："手中持有股票较多时，T+0操作确实能大幅度降低交易成本，尤其在行情不好时，能大幅度降低交易风险。"

进行T+0操作需要注意的是，对股价走势要相对有把握，不然可能反而会增加持仓成本。另外，在进行T+0操作时，投资者对盘中的利润不要追求太高。我认为一盘有3个点以上就可以了，当然，也要看大盘的情况。投资者在进行T+0操作时对盘中把握要快，要敏锐，不然很可能很快错过时机，那样就得不偿失了。

在实际操作时，常会有卖出后不涨或不跌的情况，这意味着投资者的交易出现错误。一旦发现交易错误，不要急着去追回来，否则可能会损失更多，这时你要认真分析一下当时的大势情况再说，只要大势没有错，那么多数会给你适当的机会买回的。另外，为了防止错误，还有一个办法就是在买入或卖出时不要把手中的某一种股票全部卖出，或资金全部买入，要利用我们平时常说的半仓操作的方法，以便做到进退有余。这样才有可能做到涨了不担心，跌了也卖了一部分，手中既有股，又有钱，不必担心股市下跌。

其实降低成本的方法还有不少，比如分批建仓，随股价下跌，不断加仓买进，但是这种方法有如下两个十分重要的因素。

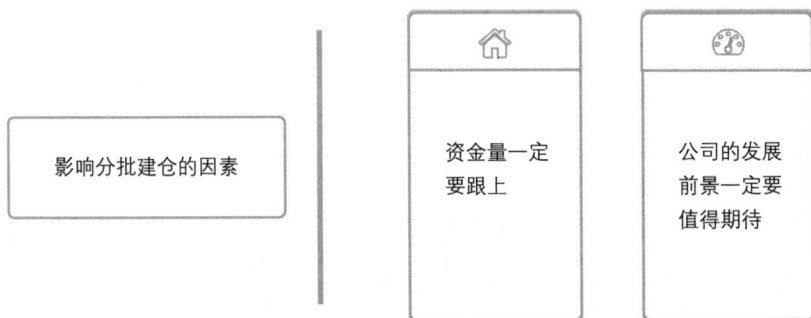

影响分批建仓的因素	资金量一定要跟上	公司的发展前景一定要值得期待

　　至于用哪一种方法解套，应根据不同的投资者情况以及股票市场的行情采取有针对性的操作，但是各种操作的目的都只有一个，即降低成本、止损、解套，最终盈利。

熊市生存法则

其实，树儿的投资经历也是很多个人投资者的经历。2008 年中国股市经历了大涨大跌。股市暴跌，市值大幅度缩水，财产性收入出现巨大负值，大起大落的股市在 2008 年给了股民一次令人震撼的警示，这些警示对我来说是终生受用的。

虽然我在 2008 年的股市大跌前顺利撤离，但是更多朋友倒在了 2008 年，朋友们大起大落惊心动魄的经历给我留下了难以磨灭的记忆。在事后，我也对 2008 年熊市的原因进行了更加深入的分析。在如 2008 年这般的熊市当中，作为一般的普通投资者，有哪些"保命"的基本法则呢？

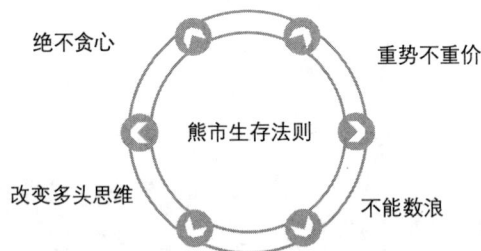

绝不贪心　　重势不重价　　熊市生存法则　　改变多头思维　　不能数浪

1. 绝不贪心

最重要的一条就是绝不贪心，做到"宁可错过，不要做错"。当你已确认市场转势为调整市，那么每次反弹的买入点都可能被套。因为股价每次的反弹都是暂时的修整。向下破位是最后的结果，补仓损失越补越大，像去救触了电的人一样，会被全部击中。大势所趋，不要做无谓的抵抗，错过了，就放。只要不做错，就是胜利。

2. 重势不重价

要重视政策信号，重势不重价。这是在熊市和牛市中都通用的理念，每一位投资者都应当重视政策信号，对政策怀有敬畏，并且根据国家政策对股市的态度做大趋势判断。

3. 不要数浪

波浪的数法是有逻辑的，例如，有五浪上升，就有三浪下跌。未来的第一浪运行需要建立在前一浪的基础上，这种思维属于线性思维，这浪中套流，是在没有外力干扰状态下按股市自然状态去运行的。很明显在股票市场，政策的干扰和投资者心理的波动都会直接作为外力干扰市场，非逻辑性很强，所以不要在简单的浪中数浪。

4. 改变多头思维

改变多头思维，跳出习惯性想法。熊市损失惨重，概念上本是思维没有转变过来。每次的买入动作都代表了你多头的想法，在熊市中只要有多头想法，就会被套牢。事实已经得到验证，利用习惯性想法是空头主力最后的撒手锏。每当股指破位下行，击穿重要支撑位，网络、电台和股民都会有这样一个想法：这是"空头陷阱"，是补仓最佳时机。

熊市调整心态技巧

漫漫熊市，到处弥漫着失望低落的情绪，人们原本报以无限希望的股市，此时却成为一片水深火热之地。那么，此时股市之神将倾向于哪些股市勇夫呢？毫无疑问，是那些对股市具有深邃的洞察力并且已经掌握了足够的股票基础知识的股民。但是，如果你只是单纯地了解、认识并掌握了股市的命脉以及运动轨迹，而无法在熊市中稳定好自己的心态，那么你的一切炒股知识和技巧也将会瞬间付之东流。因此，投资者一定要注意在熊市中稳定心态，这样才能够真正地成为股市高手。

树儿听后继续说道："我在刚进入股市的时候也时常对自己说'要冷静，千万不要浮躁，输赢都是命'，但到了实战当中，这些话就跟耳旁风一般，转眼就抛诸脑后了。就像我当年经历 2008 年暴跌一样，当时眼看着自己购买的股票股价一跌到底，要说心态不崩溃是不可能的。"

相信不少人和树儿一样，在炒股之前将炒股中常见的几种应对心态学了七八分，但是真正落实到实战上，看到大盘上的数据变化时就会无法克制自己，无法保持自己的心态，更不要说是在股市大跌的情况下。我在股票投资过程中，总结了如下几种在熊市中调整心态的技巧。

1. 充足的准备和调研是克服恐惧的技术手段

投资任意个股，都一定要认真分析和考虑这只个股是否具有无限的潜力，并且能够在不断地跌宕之中赢得更多的利润。如果你购买某只个股的理由，只是他人的评论、亲友以及其他股民的推荐和劝说，那么你在盈利时就会存在很大的风险。

随之而来的是，当这只个股稍微出现变化，都足以让你平静的内心激起万层恐惧。因此，投资者在选个股的时候，一定要保持高度的警惕，并且运用技术或者基本面分析，合理准确地预测出股市的行情，提前做好一切心理准备，这样才能够有效地克服恐惧之心。

在操作前要做认真细致的准备，有些投资者的操作十分草率，在还不了解某只股票的情况下，仅仅是因看到股评的推荐或亲友的劝说而贸然买入，这时心态往往会受股价涨跌的影响而起伏不定，股价稍有异动就会感到恐惧。因此，尽可能多地了解自己所选中个股的情况，精心做好操作的前期准备工作，是投资者克服恐惧的有效方法。

2. 投资结构合理化

在操作的过程中，投资者一定要有缜密的逻辑思维，才能够制定完善的资金管理计划，合理地控制仓位结构，才能够让投资更具科学化和结构性。

在操作中要有完善的资金管理计划，合理地控制仓位结构，不要轻易满仓或空仓。如果投资者的投资组合中品种过于单一，就会加重个人持股的非系统风险，投资者的心态会因此变得非常不稳定。如果投资者仓位结构不合理，比如仓位达到 100% 满仓或 100% 空仓时，投资心理最容易趋于恐慌。

人只一念私贪，便销钢为柔、塞智为昏、染洁为污。在股市中，投资者也要控制自己的贪欲，不要轻易地采取满仓的投资策略，否则将会一败涂地，后悔莫及。同样，投资者千万不要轻易地空仓，否则，当他人都能够在股市中分得一杯羹的时候，而你却只能带着失望与沮丧逃离。

在股市中，有的投资者在投资组合中投资的品种过于单一，或者重仓某一只股票，这样就在无形中加大了非系统风险，增大了投资的风险，使得投资的心理容易趋于恐慌。因此，投资者一定要让自己的投资合理化和科学化，这样才能够增大盈利的可能性，同时避免恐慌心理。

3. 投资者需要培养冷静乐观的投资态度

股市是一个最容易牵动人的情绪的地方，需要投资者培养冷静乐观的投资态度，这样才能够达到泰山压顶而面不改色，镇定应对的境界。

股市风云变幻，其影响因素错综复杂，喜剧与悲剧同时存在，盈利与亏损交织替代，因此投资者一定要冷静对待，在镇定的过程中将损失降低到最小，将盈利推向巅峰的状态。

要客观冷静，要能够理解股市在任何时候都有涨有跌，尤其是在暴跌时，投资者一定要保持乐观、耐心和冷静。

4.投资者要提高对趋势的分析判断力

当投资者能看清大盘的未来发展趋势，心中有底时，就不会有太多的市场恐惧。

总结之后，我对树儿说："以上就是我整理出的在熊市中炒股的心理分析技巧的全部内容，总结起来其实还是老生常谈：投资者对股票要有充分的了解和判断。投资者有较高的投资水平、超高的投资实力和理性的交易策略，是克服恐慌的良药，而没有交易知识储备，跟风炒作很容易恐慌、无理性交易。希望对你今后的投资有所启迪和启发。我说了这么多，实际上还是需要你在实战中继续修行，多利用闲暇时间探索股市领域的未知知识，这样才能够恰当地控制自己的炒股心态，遇到熊市不再惊慌、绝望，成为真正的炒股高手。"

树儿听了我的总结后，兴致勃勃地说："听你这么一说，我再结合自己的投资经历，我突然有一种重生的感觉。"

第七章

玩转交易魔方

　　我和树儿说起 2005 ～ 2008 年那一段时期的牛熊市起伏，不由得感慨起来。其实在股市中沉浮是常事，就在 2015 ～ 2018 年，股市同样经历着各种起伏，我身边有不少朋友在这些年的股市起伏中遭受了巨额亏损。

　　树儿虽然从 2008 年的那场巨亏阴影中走了出来，并且有勇气重新返回股市当中，但并不是所有人都和树儿一样有能力、有勇气重新回到股市的。我的很多学员因亏损而心生绝望，有不少朋友甚至因炒股而倾家荡产。

　　在投资过程中最困难的事是认识自己。在任何一个时间点上，你所了解的只是不完整的自己。如何破解这个难题？没有捷径，只能不断反思并且更正自己的心态，用心回味自己的经历。

溃败于糟糕的交易心态

　　说到因炒股而走投无路的事件，我和树儿不约而同地想起了身边的一个朋友，王军。王军是我和树儿的老朋友，在某企业做部门主管，有着十几年的投资经历，可以说是资深老股民。王军每天都会盯着大盘看很久，下班之后还会复盘做功课。他的这种操作习惯已经影响了他的正常工作和生活。听他的同事说过，王军有一段时间每天都将自己关在办公室里，基本上早上 9 点之前匆匆做完工作，然后就守在电脑前，一直盯着炒股软件看。他常常处于烦躁的状态中，这让他的烟瘾越来越大，脸色越来越不好，办公室里常常是一地烟头。同时王军的脾气也越来越差，经常气急败坏。那时，大家总是打趣说："只要看看王军的脸色就知道今天的大盘是涨了几个点还是跌了几个点。"可以说，王军将自己的一切都赌在了股市上。

　　恰逢 2010 年 A 股走势大开大合，上证综指自年初第二周创下沪指年内高点 3,306.75 点之后震荡下行，4 月中旬开始加速下跌，7 月 2 日见沪

指年内低点 2319.74 点。随后，股市上演 V 形反转，第一波上攻至沪指 2,700
点关口，经过 8、9 月两个月震荡蓄势，国庆节长假之后开启第二波上攻，
沪指再次冲高站上 3,000 点。这段时间，每次看到王军，他的脸上都是笑
容满面，大家知道大盘涨得不错。结果，就在 2010 年 11 月，沪指涨到 3,186
点之后，结束了上升的趋势，转而下跌。

大概就在 2011 年前后，从 2010 年下半年到 2011 年三季度，全 A 非
金融 ROE（TTM）维持 10% 以上的高位一年多，但股市在不断加息的冲
击下，从 2011 年 4 月开始下跌后，再也没有像样的反弹。这种分化最典
型的就是周期行业，建材、有色、化工、采掘等周期行业 2011 年 ROE（TTM）
依然在大幅上行，但股价已经往 2008 年看齐了。

回望 2011 年股市走势，大概只能用"虎头与蛇尾"来概括。从 2011
年的 K 线图形来看，呈现的是一条诡异的抛物线。2011 年 1 月～ 4 月，
上证综指从 2,700 点震荡攀升至 3,067 点，构成上抛线，这是全年成交量
最大、最活跃的时期。大盘蓝筹股的估值修复行情贯穿始终，而中小板等
小市值股票以震荡调整为主。

然而，从 4 月开始，形成全年股市的向下拐点。由于通胀形势陡然上
升，决策层迅速加码货币紧缩政策，导致行情从 3,067 点急转直下到 2,600
点附近。截至 2011 年 12 月 5 日，距离沪指年内高点 3,067 点，上证指数
2,230.18 点，跌去了 24%。两市总计 2,270 余只 A 股股票中，只有 348 只
股票升幅为正，年跌幅大于 20% 的股票超过 1,200 只。

正是在 2011 年到 2012 年这段时期内的熊市当中，王军的笑脸全部被
愁容所替代。他所有的钱都已经投入股市当中，身上只有一些零钱，但凡
遇到稍大的开支都需要卖股票解决。可以说，他的情绪完全被股市的波动

绑架了，对短线的波动太在意，使他逐渐变得疯狂，迷失了自我。在那样一段时间内，他的炒股成绩可想而知。

2012年，他卖掉了房子，要知道那时卖房炒股就如同今天的杠杆。再后来，由于他工作状态差，丢掉了部门管理的职位，被公司调离。最后，他的妻子也因受不了他疯狂的状态而选择与他离婚。炒股非但没有让他获得财务自由，反而使他一穷二白，妻离子散。

这个例子似乎显得极端，很多人也许会说"不可能发生在我们身上"，但这是实实在在存在于我身边的案例，眼看着朋友这样的经历，我也时常反思自己的炒股心理，问自己"因为炒股把自己搞得这么累值得吗？"每一次股市大跌，因炒股亏损影响工作的、影响家庭的甚至自杀的投资者案例不少，却为什么总有人前赴后继跳进股市中呢？

树儿也十分感慨："我记得前些日子还见到王军一面，感觉他老了好多。"

我只能惋惜地点头，说道："是啊，2018年的行情更不好做，如果无法在股市中保持好心态，那么真是伤身又伤神。"

树儿说："人非圣贤，有多少人能够在面对巨额亏损的时候真正做到保持平常心？我记得2008年我灰溜溜割肉出局的时候，感觉自己抬不起头，说句不好听的，真的想死的心都有，但还好我这人天生就乐观，爱折腾，这才挺了过来。"

在交易当中，投资者的心态十分重要。在股当中，一旦信心丧失，一个交易者就无法坚持执行自己的交易策略，而改为无所适从或者依赖他人的观点，最终不仅赢得稀里糊涂，输得也莫名其妙，而且投资水平、投资经验和信心一点没有增加。这样做就会出现越来越多的"王军"在市场中崩溃，最后非但没有赚钱，反而倾家荡产。

技术与交易心理相互影响

树儿惋惜地说："其实想一想王军的经历，我觉得投资者都应该或多或少学习一点交易心理学，至少能够多了解一些投资心理上的知识，这样才不会被股市搞崩溃，才能够面对输赢更加游刃有余。"

我赞同地说道："你说得没错，除了在牛市中胜不骄，在熊市中败不馁，交易心理是更重要的因素。如果说技术是交易硬件，那么交易心理是交易软件，二者互为影响，缺一不可。虽然投资心态在炒股的过程中十分重要，但是如果找不到影响心态的根本原因，实际上还是很难提高交易心态的。下面我根据自己的经验来分析投资者常见的操作技术与心态问题，看看在交易过程中心态是怎样一步步变化的。"

我拿出笔在纸上一条条地罗列起来。

问题：刚开始交易的时候，担心这次买进来会跌。

对策：设定止损，每次交易损失达到总资金的 5% 就撤，坚决执行。

问题：有了止损，不用担心跌了，可担心不能获利，而且连续止损，止损个七八回，本金赔进去一大块了，只见止损不见盈利是这时最担心的。

对策：提高操作成功率，去寻找波动的临界转向点，即波动最大可能会按当前趋势运行一段时间的一些进入点。

问题：提高了成功率，不用担心连续止损了，但开始担心赚钱赚得少，特别是错过大行情。手续费加上止损的两头差价，止损一次的代价比理论计算的要高，所以赢时如果利润不够则仍然不足以弥补损失，或者利润微小，无法肯定能否长久获利。

对策：试着在获利时让盈利扩大，如果能抓住大波动，那么小止损也伤不了几根毫发。

问题：学会等待，开始成功抓住了一些大波动，不怕赚钱赚得少了，但同时出现了更多的由于等待而造成的转赢为亏的交易。这些亏损交易不仅影响心情，而且浪费了时间和精力，对整体交易成效也有明显的负作用。

对策：使用"不让盈利转为亏损"格言，当盈利头寸跌回买入价格附近时平仓。

问题：好，损失的交易少了，但因打平出局而错过的大行情也多了，综合一比较，似乎还不如将那些错过的大波动用止损去一博。

对策：放弃"绝不将盈利转为亏损"格言，改为用止损来博大波动。进一步研究改善止损点位的设置，同时找出由盈利转而跌破买入价而仍然可以继续等待的一些条件。

问题：具体问题大都解决了，接下来担心自己这套方法到底能管用到多大程度，需要时间多久？

对策：将系统实施在过去 10 年的历史图上模拟实验来验证修改，通过以后用系统做 50 次以上的交易，达到能不受市场干扰稳定执行系统的地步。

问题：系统可以稳定执行了，总的交易成果从统计上来说是正的，这时不担心一次交易的成果如何，而是具有在整体上的必胜信心。但仍然有新的问题，担心市场一旦某种性质发生了变化造成股性改变而使系统突然失效。

对策：到此就没有对策了，股市是一个永远变化的地方，没有一种方法可以常胜不败，特别是技术分析是一种跟风的操作，投资者唯一能做的就是保持对市场的敬畏心态，随时检查系统的运行，当多次交易不正常的结果出现时，确认股票出现新的特殊变化以后必须重新建立新的策略。

树儿一边听，一边连连点头，说道："我感觉你所分析出来的交易技术方面的问题真的是十分影响心态的因素，我仿佛看到了在股市中犹豫不决的自己。"

我告诉树儿，其实上述提到的仅仅是建立系统化的交易方法所面临的技术问题造成的心理障碍，而在实际操作中，越贴近股市受到各种各样其他因素的影响就越多：如市场气氛、主力的出入、消息的震荡、行情运行的拉锯等，都可能使一个交易者无法承受心理压力而放弃使用经过研究的系统，因此如果操作时能够保持一种若即若离的心态，多关注系统而少关注市场，那么将有利于心态的稳定。

　　这时，树儿突然长叹了一口气："唉，王军实在是太可惜了，我依然记得他春风得意时的状态，真是越想越心酸。我得好好调整心态，储备更多的知识，绝不能够被股市压力压垮。"

克服盲从

对大多数个人投资者而言，最重要的共性问题如下。

易盲从，偏信他人
的结论   ←   新手股民面临的
共性问题   →   不学习，不积累知
识技巧

很多新股民入市，就像没有经过军训的新兵被拉上硝烟弥漫的战场，就像上战场的士兵不会用枪一样。

股市犹如战场，学习股市理论，学习关乎股市命运走向的时事、政策，学习研究个股的基本面，学习炒股技巧等，都非常重要。但是，很多新手却始终不能够明白这个道理，一味相信所谓"高手"的言论。盲从的后果就是失去了自信和稳定心态，被光环效应所笼罩，失去了自己的判断，最后遭受损失，备受打击。

树儿叹息道："听专家荐股、晚上睡觉前看大 V 的股评，这成了我固定的习惯之一。"

我也叹息道："你知道'爱屋及乌'这个词吗？其实，很多时候你崇拜那些评论员或者论坛中的高手，并且跟随他们的建议买股，都是因为这种光环效应。"

简言之，光环效应又称晕轮效应，它是一种影响人际知觉的因素。这种爱屋及乌的强烈知觉的品质或特点，就像月晕的光环一样，向周围弥漫、扩散，所以人们就形象地称这一心理效应为光环效应。这也就意味着，在投资过程当中，克服盲从十分重要。

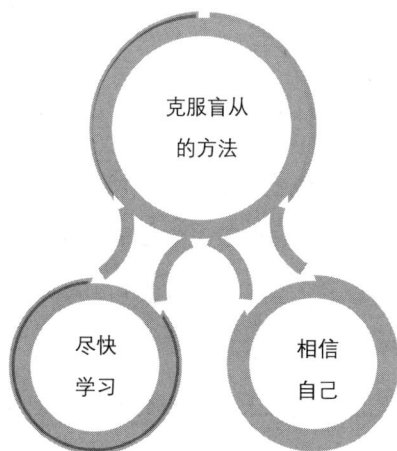

克服盲从的最快方法，就是尽快学习。

看清消息的方法就是"验证"。我对树儿说："当你在电视节目中看到某某股评家推荐了股票时，你不必急着买，对这只股票可以跟踪了解，体会一下他推荐股票的角度是否正确。如果你急于去买，而找不到买它的理由，那么你离亏损就不远了。站在今年看去年的股评家，百分之百都是'高手'，我们应当看的是当时他推荐的是否为最佳买点。"

我个人在投资初期也跟踪过推荐股，其中有很多根本不是最佳波段买点，有的甚至要一两个月才到最佳买点，对绝大多数新手来说其中的煎熬很难承受。很多时候这些推荐股更适合于机构、基金，因为这些机构资金充足，可以分步建仓。但是个人投资者则不同，大部分投资者进入股市急于赚钱，或者盈利心切，盲从却不懂一些知识、技法，结果整天提心吊胆，心中七上八下。因此，克服盲从最好的方式就是尽快学习，提高自己的知识水平，让自己做到心中有数，能够有自己的判断，拥有自信。

克服盲从的心理障碍，就是要做到不要轻信。

无论是评论员荐股还是预测股，都需要经过自己的判断得出最终的结论。同时，也不要轻信一些所谓机构的言论。说到底，所有的投资者都应当学习一些知识以便做出自己的判断。

向有见地的高手去学，也不能盲从。不要因为他是著名的股评家，就不去思考，跟随高手去买，我们也需要辩证地去看。跟踪高手推荐的股票，需要看他的操作思路。要学会给高手找漏洞，因为高手也是人，当然也会失手，这时你就要看他为什么会失手，你盯盘多了，从不同角度了解多了，就能够找到真正的原因，从而取得真正的进步。所以，要想从股市中赚到钱，坚决不盲从，要用心去学有用的知识。

恐惧是因无知而起。在金融市场上恰恰是那些不调查价格变动，知识欠缺的人——包括"跟风"与"图表派"的个人投资者会恐慌，其根本原因在于不了解。个人投资者跟随市场主力或大众，自然是看市场主力或大众怎么做就怎么做，谈不上有任何主见。"图表派"是看着图表猜测股价走势会重复历史，但他们并不明白为什么历史会重复，也就不能肯定历史会重复。一旦看到股价走势与其预测不同，时间稍长或偏离的幅度稍大，他们自然就容易信心动摇。也就是说，表面上看这是因为心理素质不够强大，其实真正的原因是投资者对决定股价的关键因素不了解。

改变投资习惯

曾有很多朋友问起：影响投资和交易最重要的因素是什么？在我看来，最重要的一点就是"习惯"。作为普通投资者，每个人由于知识结构水平、投资经历、心理承受力等各种因素的影响，免不了有各种不良习惯，要从旧有的习惯枷锁中解脱出来，改变自己的投资方法，乃至改变命运是一个巨大的挑战，要么习惯干掉你，要么你干掉习惯。

在这个过程中，习惯有着巨大的力量。尽管有时候我们头脑很清楚，但我们在投资时难免不由自主地沿用多年习惯的方式。长期形成的不良习惯很难改变。有一些投资者计划做得很好，一旦进入市场开始交易就乱套了，无法很好地执行投资计划，他们在不知不觉间还是会按照原来的习惯进行交易。

正如巴菲特所言："习惯的锁链总是轻得难以察觉，等到察觉时却已重得难以挣断。"实际上，即使是巴菲特这样的投资大师，改掉自己只买便宜货的投资习惯，也花了 20 年时间。

"科学表明，一个人想要养成某个习惯只需要 21 天时间，但实际上，在股市当中，想要真正改变自己的习惯是十分困难的。"我对树儿说道。

首先，认识到原有的不良习惯非常困难。

巴菲特曾经在书中"嘲笑"自己花了 20 年时间才认识到自己的习惯存在缺陷，并让自己受了不少教训，巴菲特说道："我一直是一个能够快速学习的家伙，只用了 20 年时间，就认识到买入好公司是多么重要。在这 20 年间，我到处寻找'便宜货'——很不走运的是我确实找到了一些便宜货，然而我却为此付出了惨痛的代价。"

巴菲特坦言在他过去几十年的投资经历中，所犯下的第一个错误就是买下了一家纺织厂。他曾经说："虽然我很清楚这家公司的纺织业务没有什么发展前景，但是它的股票价格看起来实在太便宜了，让我无法抵挡买入的诱惑。我在早些年间买入这类便宜货股票相当赚钱，但是到 1965 年我收购伯克希尔时，我逐渐意识到这种投资策略并不是那么理想……以一般的价格买入一家非同一般的好公司，远远胜过用非同一般的好价格买下一家一般的公司。芒格很早就明白了这个道理，我却是一个迟钝的学生。但是现在我也明白了，我们买入公司或者股票时，需要寻找一流的公司，而且要有一流的管理。"

巴菲特这种只买便宜股的习惯给他带来了很大的困扰，使他一度无法尝试新的领域，甚至有所亏损。

其次，改变习惯过程更是难上加难。

另一位投资大师芒格曾这样评价巴菲特："巴菲特的投资思维确实有些轻微的阻塞，因为他在导师格雷厄姆的投资模式下做了很多年投资，而且赚了很多钱。想要从这种非常成功的投资模式转换到新的投资模式，实在是非常困难。"

通过这番话，也能够看出，习惯其实可以一夜之间彻底改变，但这需要很长一段时间慢慢来。这话听上去有些歧义，但仔细品味，的确是这么一回事。

巴菲特把自己的转变归功于芒格的影响："如同格雷厄姆教导我挑选廉价股，芒格不断告诫我不要只买进便宜货，这是他对我最大的影响，让我摆脱了格雷厄姆观点的局限，这就是芒格思想的力量，他拓展了我的视野。"

巴菲特表示自己很多看法慢慢地转向了芒格的观点："我不断进化，我以非同寻常的速度从猩猩进化到人类。"

最后，成功改变习惯后有时难免旧病复发。

尽管巴菲特花了 20 年时间基本改掉了偏爱便宜货的旧习惯，后来养成新习惯只买好公司，但是 2012 年 82 岁的巴菲特发现自己很难完全改掉老习惯，偶尔还是会犯下同样的错误。在 2012 年的一段采访中，巴菲特再次说道："50 多年前，芒格就告诉我，以一个一般的价格买入一家非同一般的公司，远远好过以一个非同一般的价格买入一家一般的公司。尽管他的这个观点背后的逻辑很有说服力，但我有时还会回到寻找便宜货的老习惯。幸运的是，我犯下错误往往是在收购小企业的时候。我们收购大企业的结果往往相当不错，少数几笔大型收购的结果可以说非常不错。"

改变多年的投资习惯非常困难，正是这个改变，让巴菲特的投资成就远远超过格雷厄姆，也远远超过格雷厄姆其他所有学生。

第八章
与走势做朋友，顺势而为

我和树儿说起王军的事情，都有些惋惜，毕竟这是在我们身边一个活生生的案例。我们两个人不约而同感叹道，投资实际上就是一件尽己力、听天命的事情，要做到不失于心，无惑于股。

实际上，预见未来并不现实，我们能够做到的就是顺势而为，随遇而安，最终"剩者为王"。我想，投资其实也是在与市场做朋友，在自己看得懂的股票上用心，在自己不懂的行业上健忘。如此安稳投资，一生甚好。

不仅如此，在股市中一般的个人投资者往往无法操控股市的止跌，能做到的就是分批买入，并且长期持有。这也是我所践行的投资策略。

不是买股票而是买趋势

王军的经历让我想起了身边其他朋友的投资过程。实际上，在股市中时时刻刻都存在一些极端的投资者，非要逆着趋势交易。我想起了十几年前的老朋友李静。

还记得那是 2000 年，亿安科技创造了中国自有股市以来的神话，股价最高摸至 126.31 元。在该股还没有达到此高点之前，我的高中同学李静随大流投身于股票市场当中，并且在 110 元附近果断买入 10 万股，糟糕的是大部分钱是透支来的。

当时，李静的家人和身边的朋友都劝她不要一次性赌这么大，但是李静却不为所动，坚持自己的决定。当时她之所以坚定买入该股，正是因为在股市中听取了所谓确凿的消息。后来，该股自摸到 126.31 元后一路狂跌，而李静仍抱有侥幸心理，并且自信地持有。而此后的该股股价却先后跌穿了 100 元、80 元、60 元、40 元……

我和李静很久都没有联系，直到后来才听老家的朋友说，李静买的这只股票在 3 年时间里最后跌到了只有 6 元多。李静甚至卖掉了父母在老家的房子，现在她还在市区打工。

我和树儿说："现实中像王军、李静这样的例子太多了。尤其是像李静这样的投资者，逆着趋势持股，最后受伤的只会是自己。"

在投资过程中，顺势而为十分重要。投资前，首先要明确如下两个问题。

什么叫趋势投资？所谓趋势，除了股价走势，还有行情的大趋势。例如，之前银行看不起支付宝，现在只能眼睁睁看着支付宝崛起；之前移动看不起微信，现在只能看着微信霸占了人们的手机；之前苹果看不起小米，现在小米依靠情怀和低价赢得了消费者的追捧；之前沃尔玛看不起淘宝，现在"双十一"淘宝可以在 1 小时之内达成 12 亿元成交量。在股市中投资也是同理，如果你现在看不起在股市底部以石头价格拣金子的投资机会，那么不用到年底你就着急了，毕竟趋势的来临是抵挡不住的，就看你能不能看懂、看透。

什么叫顺势而为？趋势有上升的，也有下降的，趋势发展的过程中也必然会有转折和震荡，同时趋势也有大有小，新手投资者在刚进入股市时，其心态和技术肯定参差不齐。因此，作为普通的个人投资者，没有控制趋势的能力，那么就要尽最大的可能紧贴趋势，顺势而为。不断寻找适合自己的股票，并改善和提高自己的能力。

股市是一门学科已是不争的事实，尽管分析在操作股票时十分关键，统计学也有其重要地位，但更重要的是心理学。众所周知，股票操作得好自然离不开大家所熟悉的"高抛低吸"，然而这需要很好的心理素质，这恰恰是绝大部分投资者所欠缺的。无论是大盘还是个股都会存在明显的起伏跌宕期，绝不会是一成不变的走势，否则无论是大盘还是个股的走势成都了一条直线，又何来的"炒"，何来的"赚"呢？

正是有了大盘和个股的波动，才需要投资者具备较强的心理承受能力。从大盘或个股的每次上蹿下跳来看，特别是当投资者手中持有一只曾经盈利但又经历一轮大跌现在已被深套的个股时，投资者的心理素质尤其受到考验。

树儿十分同意我的观点，他不禁说道："在投资者当中，很多人都经历过'抄底——盈利——亏损'的过程，最后他们所得出的结论仅是运气不好。但我现在觉得这种想法是大错特错的。"

没错。这也反映出部分投资者在投资过程中存在以下两个错误想法。

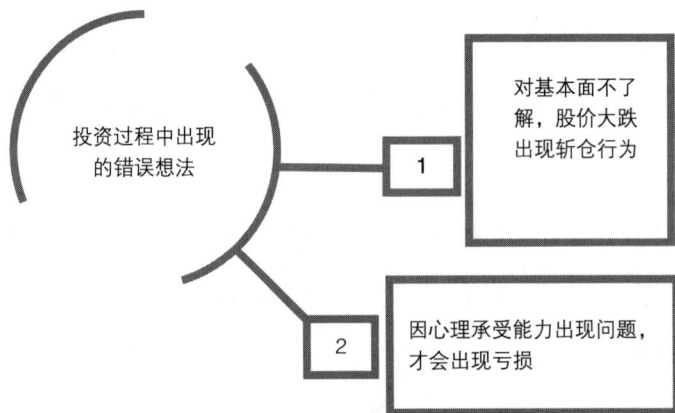

（1）投资者对该只股票的基本面根本就不清楚，所以一旦该股大跌就出现了斩仓行为。

（2）投资者最为重要的心理承受能力出现了问题，因此才出现了亏损的局面。

　　"人有多大胆，地有多大产"是一句夸张的口号，有投资者会问：这句话也能用在股市中吗？从字面来看，这句话用在证券市场中不太妥当，可有时运用在一个不太合适的领域往往有着意想不到的效果。

　　在股市中，不能将投资者的心理承受能力片面视为侥幸心理。心理承受能力是一种客观的做事心态，至少在证券市场中是如此。譬如，你长期观察和跟踪一个质地优良的个股，而你一旦介入，该股却出现了下跌走势，甚至出现了深幅被套，那么此时你的心理承受能力的强弱就会淋漓尽致地体现出来。

个人投资者也应具备庄家心态

其实，在和树儿的交谈中，能够通过言语间所表达的含义以及从身边亲友的案例中看出，很多投资者实际上是搞不懂市场趋势的。或者说，他们对于趋势是畏惧的，好像生怕按照趋势购买会出错一样。这种"逆反"心理实际上就是没有具备"庄家心态"。

果然，树儿疑惑地问道："我就是一个小散，想要挣点小钱，需要具备庄家心态吗？毕竟股市不是我能够掌控的。"

事实上，像树儿这样，将庄家视为自己"假想敌"的个人投资者绝不在少数。他们整天关心的就是庄家何时拉高，何时震仓以及何时出货。在这部分投资者眼里，庄家到底长什么模样，谁也不知道，但确实有一个叫"庄家"的人处处跟自己过不去，自己一买就套，一抛就涨。庄家是如此强大，常常战无不胜，于是个人投资者不得不到处拉长耳朵打探庄家的消息，寻找庄家的踪影，以便随时跟上庄家的脚步。

正是因为个人投资者对庄家的这种距离感或者敌意，让庄家将计就计，故意透露些消息给个人投资者，个人投资者又传给朋友，知道的人越来越多，跟进的人也越来越多。此时，庄家就顺水推舟，利用手上大量的资金与底部筹码，在消息传开之时顺势拉抬股价，众多个人投资者一见确认消息无疑，于是大举跟进。就在大家的一片追涨声中，庄家将筹码统统都倒给了个人投资者，全身而退。此时，众多个人投资者才如梦初醒，但为时已晚。

实际上，试想一下，谁进入股市不是抱有盈利的目的呢？如果个人投资者能够具备"庄家心态"，就能够更加精准地判断出股市中出现的一些现象的真实性与准确性。

个人投资者应该有跟庄依据和跟庄策略。个人投资者如果把精力放在打听庄家的消息上，则往往会跟庄不成，反被庄家戏弄。庄家有时就是市场本身，个人投资者四处找寻庄家的行踪，恰恰是个人投资者对自己没有信心的表现，个人投资者连自己都战胜不了，怎么能去战胜市场呢？个人投资者要在股市中占有一席之地，就要细心经营这一席之地，发挥优势，攻击庄家的弱点。要在战术上重视庄家，战略上藐视庄家。既不要整天被庄家牵着鼻子走，也不要在关键时刻对庄家的信号无动于衷。

如果整天想着怎样去跟庄，那么反而跟不上庄，即使跟上了，也可能是搭上了最后一班车，不亏损，能够全身而退就算万幸了。若整天跟着庄家转，则不仅身心疲惫而且容易忽视公司的基本面变化与大盘变化，更容易被套。所以，投资者身在股市，要排除干扰，勤于思考，做到心中无庄，才能客观地分析自己挑选的股票，而不会因为错误的消息干扰自己的分析，做到心中无庄胜有庄。

我对树儿说："在股市中投资绝非赌博靠运气，我们要不断总结学习，只有深刻地了解市场，理解股市的规律，才可以长期生存。如果你手中持有的个股被套或不会选股、把握不好买卖点，那么可以通过学习或者请教他人来解决问题，当然，有自己的主见是最重要的。识别主力资金流向，不再一买就跌一卖就涨，解决选股、买卖点和被套问题，并且清晰识别庄家操盘动向，最终形成自己的一套交易系统。"

树儿似懂非懂，问道："既然你说个人投资者应该具有庄家心态，那么对于庄家拉升的特征我们总应该知道吧？拉升的迹象又有哪些呢？"

我给树儿总结了庄家拉升的 3 个特征。

1. 成交量忽大忽小

1. 成交量忽大忽小

庄家无论是建仓还是出货都需要成交量配合，有的庄家会采取底部放量拉高建仓的方式，而庄股派发时则会造成放量突破的假象借以吸引跟风盘介入从而达到出货目的。另外，庄家也经常采用对敲、对倒的方式转移筹码或吸引投资者注意。无论哪一种情况都会导致成交量的急剧放大，而这些行为显然已经违反了法律的有关规定。同时，由于庄股的筹码主要集

中在少数人手中，其日常成交量会呈现极度萎缩的状况，从而在很大程度
上降低了股票的流动性。

2. 交易行为表现异常

庄股走势经常出现的几种情况是，股价莫名其妙地低开或高开，尾盘
拉高收盘价或偶尔出现较大的买单或抛单，人为做盘迹象非常明显。还有
盘中走势时而出现强劲的单边上扬，时而又大幅下跌，起伏剧烈，这种现
象在行情末期尤其明显，说明庄家控盘程度已经非常高。

3. 股价暴涨暴跌

受庄家操纵的股票价格极易出现这种现象，尽管目前监管有加强的趋
势，但是市场环境总体仍较宽松，庄家做庄的基本过程就是先拼命将股价
推高，或者同上市公司联系，通过送股等手段造成股价偏低的假象。在获
得足够的空间后开始出货，并且利用投资者抢反弹或者除权的机会连续不
断地抛出以达到其牟取暴利的目的，其结果就是股价长期下跌不可避免。
造成这种局面，与上市公司股利分配政策不完善也有一定关系，庄家客观
上不可能依靠现金分红来获取回报并降低风险，在二级市场赚取差价成为
唯一选择。

调整心态在于塑造价投

在一般情况下，我习惯于将投资者分为如下 3 种类型。

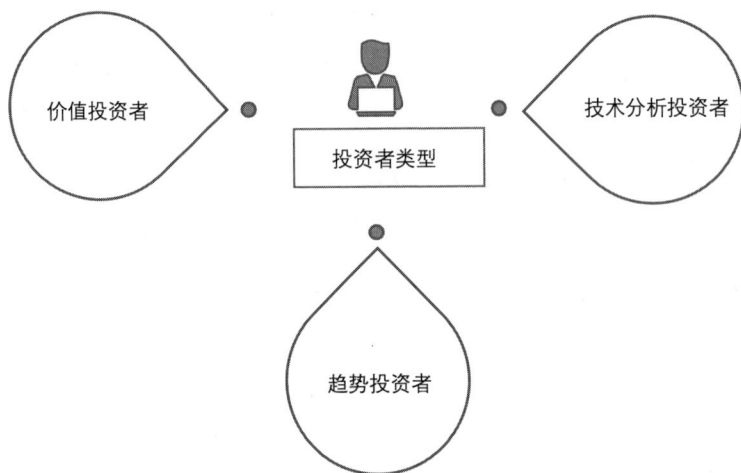

上述这 3 种投资者所参照的投资基础逻辑都有所不同。比如价值投资者买入的是公司的一部分，其关注的是公司有没有关键的盈利能力，并且关注分红，这样其大多数是没有趋势这一看法的，其选择在于股息率和市

盈率，在足够便宜的时候倾向于持续性地多次买入，比如定投。

技术分析投资者是根据技术规律，要设计止损和止盈，对了就盈利，错了就亏损，不管贵贱。趋势投资者则是看清楚趋势，持续性地持有，直到牛市结束。

价值投资者如果抛开企业价值而跟着技术行进，则很可能被骗走筹码，而技术分析投资者变为价值投资者，其实大多数情况下是因为股票下跌其没有及时止损。这类投资者违背了技术的纪律，而买入之时也没有对公司价值进行权衡和调查。

我认为投资者之间的技术分析方式都是互通的，很多知识需要投资者理解全面才能够融会贯通，能够应付各种股市中的震荡。其中，我认为趋势投资者和价值投资者尤其具有一些共性。趋势投资者并不是要找那个转折点，而是要中间一段，不要"鱼头"和"鱼尾"。所以实际上，趋势投资者不会在乎开始的涨幅，而是要一直到整个趋势成立，才进去吃上一段，其他时间统统用来休息。

作为趋势投资者最容易出现的问题就是没有确认趋势翻转就大量买入或持股，而并不清楚具体的买入逻辑是什么，买入价值是什么，甚至不清楚当前所处的趋势是什么。所以就我个人的建议，趋势投资需要投资者自己看到确定性再动手才是最合适的，是否确定是你自己要把握的。先给自己定位，你才能知道该怎么做。

要知道，在证券市场中没有只涨不跌的个股，也没有只跌不涨的大盘，而无论是个股还是大盘，又无论个股是涨还是跌，其实对投资者而言都是一种承受心理的考验。

实战经验表明，在风高浪险的股市中搏击，不管是运用哪一种实战技术或者运用哪一种分析方法，都万变不离其宗，搏击到最后，赢家能够胜出的法宝，归根到底就是心态的力量升华而带来的一种境界。

举一个简单的例子，一位百步穿杨的神枪手，他之所以能够随时随地信手拔枪而百发百中，所凭借的已经不再是当初的套路和招式，他所依靠的只是一种直觉、一种本能、一种素质、一种境界而已，或者说是一种"枪感"。这便是一种无招胜有招的最高境界。

当然，要达到这种境界并不是一两天就可以做得到的，而是首先需要养成良好的心态，并且以这种良好的心态来指导自己不断地学习证券交易基础知识，不断地进行买卖股票的实践。通过学习和实践，不断地积累经验，当经验累加到一定程度之后，由于悟性的作用而得到升华，从而达到最高的境界。

保持长期投资乐观秘籍

我问树儿："你觉得在投资股票这件事情上，是那些时刻关注股价变动，每天从开盘到收盘目不转睛盯着 K 线图看的人快乐，还是那些每年只是偶尔看一两次收盘价的人更快乐呢？"

树儿毫不犹豫地答道："当然是开开心心还能赚钱最好啦！"

是啊，谁不想在股市中既开心又赚钱呢？其实，我问树儿这个问题，是想表达："在股市中，是做一个短期投机者快乐，还是做一个长期的价值投资者更快乐呢"在炒股过程中，这是每一个人都应该想到的问题。

这时，树儿给我讲了一个发生在他老家的故事。

树儿的叔叔和阿姨退休在家好几年了，看到树儿整天炒股就可以赚钱，很是羡慕。并且也想打发退休之后的无聊时光，于是就让自己的儿子帮忙开户，各自投入了 10 万元开启了炒股之路。老两口在开始炒股之前专门打电话向树儿询问风险。

为了打消两位老人的顾虑，树儿事先给二老打了一剂预防针告知了股市中的各种风险。同时，树儿的堂弟也十分孝顺，告诉二位老人把炒股完全当成打发时间就好，不必考虑输赢，赚了就当是自己补贴家用，赔钱了就算在他的头上，他会把钱补回来，最重要的就是不要有心理负担。

进入股市之后，两位老人的日常表现可谓天差地别。首先是树儿的叔叔，定力极好，每天从早上 9:30 开盘到下午 3:00 收盘，恨不得一整天 24 小时都坐在电脑前盯着股票。而且，他三天两头频繁操作，自认学了一套"高抛低吸"的绝招。自开始炒股以来，树儿的叔叔整日忙得不得了，逢人就说股市的涨跌。

树儿的阿姨却截然不同，因为阿姨平日里要买菜、做饭，还要参加小区退休工人社团活动，闲暇时间的生活十分丰富，所以她并没有大把时间持续盯着股市，观察其涨跌。因此，树儿的阿姨事先上网学习了一些知识，竟然基本能够熟悉资产负债表、利润表等知识，在众多股票当中，阿姨挑选了日常生活中她最熟悉的日用消费品，并且买下来之后就没再关注过账户的变动，自己的账户始终保持着开户时的那一只股票。

结果，一年以后，树儿的阿姨账户市值多了将近 2 万元，而树儿的叔叔虽然每天都在操作，但是只赚了一千多元钱。

不过叔叔的心态很好，总拿自己开玩笑说："你阿姨什么都没做，就能够稳稳当当地赚钱，而我天天这么努力，居然没有赚到什么钱。你说，这算不算是傻人有傻福？"

说到这里，树儿哈哈大笑起来，而我倒是觉得叔叔这话不无道理。无论是"新手运气"还是"傻人有傻福"，阿姨的投资方式更加接近价值投资，本身就更加适合长期投资，这也是我所坚持的投资方式。

著名的投资大师巴菲特曾经说过：成功的投资需要时间和耐心。即使付出再大的努力，有再高的天分，有些事情没有时间也是不会发生的。其实，这和阿姨的投资策略十分相似。

通过树儿叔叔和阿姨的投资对比案例，更加能够看出巴菲特所想要提醒广大投资者的是，心急吃不了热豆腐。指望在短时间内靠所谓的"投资"来一夜暴富是非常愚蠢的。在我看来，那不叫投资，叫投机。树儿问道："你总说要我长期投资，为什么投资需要较长的时间维度呢？有什么证据可以支持你的说法呢？"

我打趣道："我就坚持价值投资，我就是你口中所说的能够'轻松赚钱'的人，难道不就是最好的证据吗？"

大致来讲，我们可以把股市回报分为两大类：基本面和投机面。

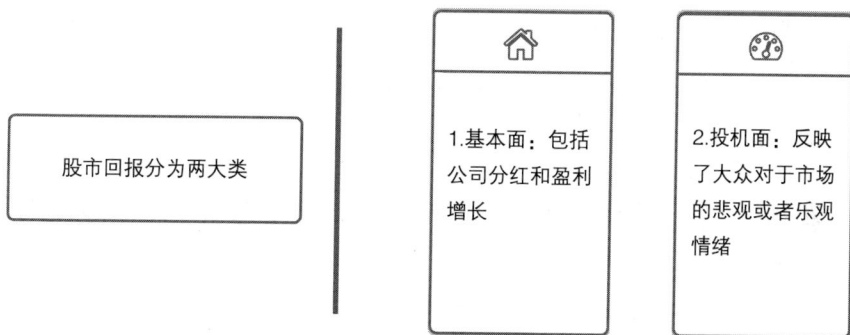

```
┌──────────────────┐  │   ┌─────────────┐   ┌─────────────┐
│                  │  │   │     🏠      │   │     ⏲      │
│  股市回报分为两大类  │  │   ├─────────────┤   ├─────────────┤
│                  │  │   │ 1.基本面：包括 │   │ 2.投机面：反映 │
└──────────────────┘  │   │ 公司分红和盈利 │   │ 了大众对于市场 │
                      │   │ 增长         │   │ 的悲观或者乐观 │
                      │   │             │   │ 情绪         │
                      │   └─────────────┘   └─────────────┘
```

基本面是指股票自身给予投资者的回报，主要包括公司分红和盈利增长，而投机面则主要反映了大众对于市场的悲观或者乐观情绪。

从比较长的时间维度来看，基本面给予投资者的回报是可以预测并且比较稳定的，而投机面则变化无常，经常在"天堂"和"地狱"之间游走。

市场中的变化无常往往会给投资者带来一定的心理压力。当处在弱市条件下，长期投资或许能为投资者提供更具价值的投资方向。与短期股票投资不同的是，企业作为长期股票投资而购入的股票不打算在短期内出售，不是为获取股票买卖差价来取得投资收益，而是为在较长的时期内取得股利收益或对被投资方实施控制，使被投资方作为一个独立的经济实体来为实现本企业总体经营目标服务。那么，何为股票长期投资？如何坚持长期投资？想要理解这个知识点，首先需要了解金融界的一个传奇——本杰明·格雷厄姆。

本杰明·格雷厄姆于 1894 年 5 月 9 日出生于英国伦敦，是著名的证券分析师，享有"华尔街教父"的美誉，其代表作品有《证券分析》《聪明的投资者》等。

格雷厄姆的早期教育是在布鲁克林中学完成的。在布鲁克林中学读书时，他不仅对文学、历史有浓厚的兴趣，更对数学有着非同寻常的喜爱。他喜欢数学中所展现的严密逻辑和必然结果，而这种逻辑的理智对于以盲目和冲动为特色的金融投资市场来说，永远都是最为欠缺的。格雷厄姆所推崇的恰恰也是长期投资。

树儿问道："为什么突然提到格雷厄姆？对于这个人名我太熟悉了，我身边有很多人都在看他写的《证券分析》，我也买了几本，但因为实在是太厚了，并没有认真读进去。"

我没有回答树儿的问题，而是反问道："在进入股市之前，你想过购买这家公司的股票是一个良好的选择吗？你做好长期投入的打算了吗？还是说只是想要图新鲜在股市中玩一玩？"

投资者似乎永远都在面临一个选择：究竟什么样的标的才是值得购买并长期持有的？事实上，优秀的投资者不仅能够战胜短期市场的起伏波动，更重要的是如何能够在一次次市场的"惊涛骇浪"中保持长盛不衰。

资本市场上的松柏常青，比昙花一现来得更加持久美丽。格雷厄姆曾在《聪明的投资者》一书中提出长期投资的概念，并明确了坚持长期投资的如下几个要点。

格雷厄姆的长期投资理念	1. 掌握长期投资基本方法，选择具有长期投资价值的公司，拉长时间耐心等待
	2. 坚持长期投资理念，保持一定的耐心
	3. 明确长期收益来源，不畏短期市场动摇
	4. 克服一定的从众心理，避免人性的弱点和内心的直觉支配

（1）掌握长期投资基本方法，选择具有长期投资价值的公司，拉长时间耐心等待。具体方法主要有：正确判断企业的内在价值，采用自下而上的择股策略深入研究公司基本面，合理估值并以适当的价格买入。即使在遇到市场下跌时，那些具有业绩和估值双重优势的个股依然能够获得一定的安全边际。

（2）坚持长期投资理念，保持一定的耐心。曾经有人怀疑长期投资在中国的适用性，也有人质疑长期投资的可行性，但事实证明二十余年来，一批长期践行价值投资理念的资产管理人经过了时间的考验，取得了良好的业绩。

（3）明确长期收益来源，不畏短期市场动摇。从股票投资的收益来源来看，主要在于获得成功的企业股票分红以及在二级市场进行股票买卖的交易差价。因此，探究长期投资收益，其主要来源于企业的成长、投资组合的合理配置和长期投资，如此才能回避外界因素带来的系统性风险。而严格甄选具有核心竞争力的优质企业，才能分享企业长期的成长收益。同时，严守估值纪律，避免买入估值过高的股票，才能够有效规避市场风险，获得长期收益。

（4）克服一定的从众心理，避免受人性的弱点和内心的直觉支配。成功的投资是逆人性的，成熟的长期投资者不仅应当有耐心、具备常识、坚持不懈、愿意独立研究等，更应当具备面对市场恐慌时不受影响的冷静判断力，即使在市场信息不完全的情况下，也能够做出大概率正确的投资决策。

树儿若有所思，对我说："我决定回去好好读一读格雷厄姆的《证券分析》，还有，听你这么一说，我重新分析了一下叔叔和阿姨的炒股故事，觉得自己之前想得都太浅了。我在考虑自己应该学习价值投资，并且像阿姨一样做长期投资，这样一来，我也不会活得那么累，不会因为股市的一点动荡连觉都睡不好。"

第九章
趋向价值投资

———————○————————————————————○———————

我和树儿聊着聊着，聊到了 2015 年的股市。

2015 年爆发出一个新闻："长沙股民亏光自杀。"这一悲剧缘起于投资失败。其根本原因就在于该投资者过度高估自己的投资水平与风险承受力，采取了激进投资策略，进行场外配资放大杠杆，同时重仓押注单一股票，希望能够迅速获取暴利，最终因股价暴跌而导致全军覆没，不仅未能赚钱，反而赔掉所有本金，同时导致了惨剧的发生。

我对树儿说："实际上，如果在炒股的过程中更加趋向价值投资，保持良好的投资心态，这样的悲剧是可以避免的。"

牛熊瞬间转换

我和树儿展开了对于 2015 年的股市回顾。

2015 年年中，为了配合产业升级而启动的宽松政策使中国进入了降息降准周期，释放了大量的流动性。但由于监管层希望看到健康长久的慢牛，所以去杠杆化调整市场节奏成为 2015 年的当务之急，监管层关闭场外配资端口就是要去杠杆。产业升级不是一两年就能够完成的，它需要一个长牛稳固资本市场，给中小企业"输血"，所以长牛慢牛以及相对宽松的货币政策都是必需的。当国内的通胀都降到 1 以下时，降息降准的空间依然很大。

同时，2015 年的那一场牛市是脱离基本面的，是在改革牛实现产业升级的预期下推动的，简单讲就是资金推动股市的繁荣。2015 年 6 月底一周内流入 9,830 亿元保证金，此后一个月时间内公募募集的资金超过 1 万亿元建仓以及深港通未来的开放等因素都表明，市场上不缺钱。

2015 年能够看出市场风格已经在转化，创业板 165 倍动态市盈率，深成指 65.76 倍市盈率，而沪市平均动态市盈率只有 22.51 倍，自 2015 年 7 月以来资金轮动的风格已经非常明显，大幅杀跌的都是前面超涨严重脱离基本面的股票。

纵观 2015 年上半年中国股市的行情，能够发现一方面是监管层希望看到回调启动健康慢牛；另一方面是市场不差钱，创业板疯狂的行情和深成指接近历史估值天花板的市盈率。

监管层开启了一系列监管政策。

6 月 2 日，中国证监会发布《证券公司融资融券管理办法（征求意见稿）》，旨在解决前期杠杆资金肆虐导致的市场过快上涨问题，建立逆周期的市场调节机制，要求券商清理场外配资相关业务。这一政策引发市场恐慌，A 股指数开始迅速下行。

市场下跌初期，仍以主动去杠杆为主，后期股市持续下跌导致大面积的杠杆资金被动强行平仓并使得市场恐慌情绪升级，资金出逃和基金赎回接踵而至，进一步加剧流动性危机和市场的恐慌情绪。由于股价下跌过于剧烈，投资者无法通过减仓控制损失，只能依靠股指期货对冲降低损失，这又引来恶意做空资金趁火打劫，加剧市场下跌的趋势。

从 6 月到 8 月股市启动了下跌的局势，上证指数在短短两个月之内从 5,000 多点下跌到 3,000 多点，这过山车般的剧烈震动让大部分股民损失惨重。

如果投资者遵从价值投资的理念和策略，那么其投资生涯中绝不会出现如此惨烈的悲剧。

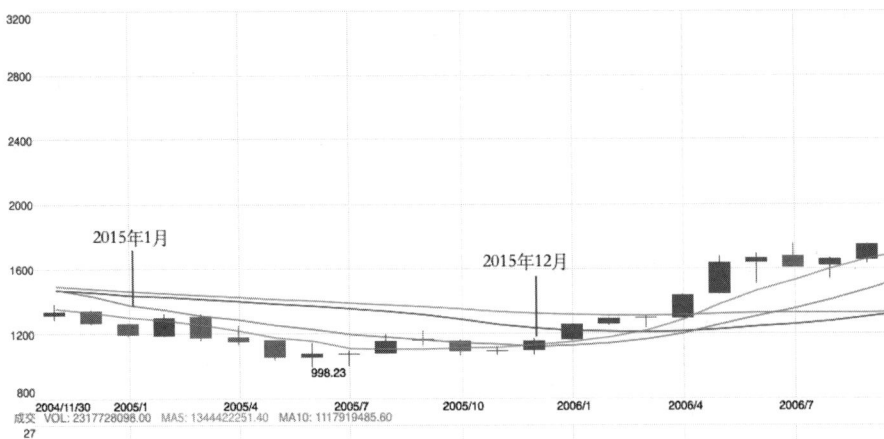

价值投资可以规避短期投机，不会使投资者一夜暴富更不会使投资者一夜亏光，它是一种实业投资思维在股市中的应用，投资者在买入股票时把自己当成长期股东，股票持有期一般在 5 ~ 10 年甚至 10 年以上，价值投资者赚的是企业增长带来的利润。

国内价值投资的有效性

说到价值投资，我陡然谈兴大增，开始滔滔不绝起来。

树儿打断我的话头说道："国内的市场适合进行价值投资吗？中国市场是否具有价值投资的土壤呢？"

树儿的质疑并非空穴来风。

价值投资的有效性一直是各派争论的焦点，短线投机派认为中国的股市投机氛围浓厚，价值投资没有市场，价值投资的拥趸者认为：市场越来越规范，价值投资可以获得超额收益。

犹记 2016 年投资者等来的不是股票市场的开门红，而是股票市场大幅缩水，两市暴跌，沪深 300 指数在 13:13 跌幅扩大至 5%，触发 15 分钟熔断机制，个股全面暂停交易；两市在 13:28 恢复交易后再度下探，沪深 300 指数跌幅扩大至 7%，再次触发全天熔断，两市提前收盘。

如此迅速猛烈的股票市场下跌趋势，使得我们不得不对股票市场的有效性进行进一步的反思。

树儿说："毋庸置疑，当前的市场信息披露既不及时也不充分，市场上投机氛围浓厚，价值投资在这样的市场环境下能否发挥效用要打个问号了。"

树儿越说越激动，看来他确实被违规信披坑得不轻。

当前股市确实存在以下 3 个不足之处。

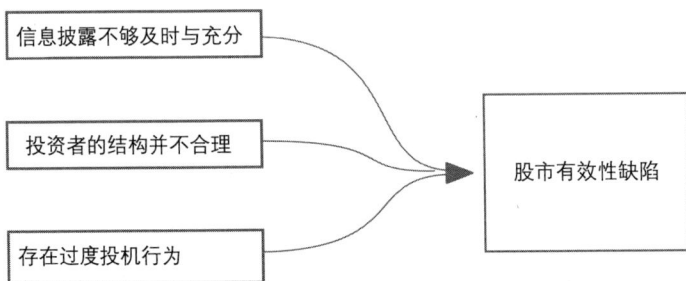

```
信息披露不够及时与充分
投资者的结构并不合理          →   股市有效性缺陷
存在过度投机行为
```

1. 信息披露不够及时与充分

市场有效性与信息披露有着密不可分的关系，只有股票市场上股价能够及时、充分地反映市场上所有的信息，市场才是有效的。

对 A 股市场来说，远远不具备这 3 个条件，尤其是我国股票市场信息披露的充分性、及时性不够。

2. 投资者的结构并不合理

在市场有效性的假说当中，一个成熟的股票市场对中小投资者以及机构投资者的构成比例是有一定要求的。其中，按照市场有效性假说的要求，机构投资者资金量占比要高于 70%，而中小投资者资金量占比要低于 30%。

然而，根据上海证券交易所统计的年鉴 2015 卷中所显示的数据，可知 2015 年年末我国自然人投资者持股市值 51,861 亿元，占比达 23.51%；一般法人持股市值 135,525 亿元，占比达 61.44%；专业投资机构持股市值达 32,323 亿元，占比仅达 14.65%。这种投资比例失衡造成我国投资者持股期短、交易频繁、短期投机行为比较明显。

不过，随着近几年国内经济结构不断完善，以及新三板、创业板、科创板的推出，融资者的融资手段不断增加和丰富。

3. 存在过度投机行为

上述所提到的投资者结构不合理，导致了我国股票市场中投资者容易出现持股期短、交易过于频繁、短期投机等行为。其实，不仅因为投资者结构不合理，出现这种情形很大一部分原因在于市场中的投资者不够理性，投资能力差、知识欠缺。

在有效市场假说当中，所有投资者都被假定为完全理性，对信息的解读是全面的，且所作出的投资决策是在分析信息的基础上得出的合理决定。然而很显然，目前存在于股票投资市场中的大部分投资者无法达到完全理性的程度。

我国股票市场中的投资者中，存在大部分缺乏系统的投资知识和风险控制能力，无法判断信息对股票价格的影响的人，因此不乏一部分投资者的投资行为是带有一定的投机性的，在股市中，追涨杀跌的心理占据主导地位。

当大盘上涨时，人们往往认为股票价格会进一步上涨，因而采取积极的投资策略；当大盘下跌时，人们往往认为股票价格会进一步下跌，因而采取消极的投资策略。投资策略会影响股票市场的供求关系，进而影响股票价格，加剧市场的风险，使市场的有效性降低。

纵观国内的股票投资市场，市场有效理论所要求的投资者完全理性地做出投资决策与投资者的实际操作存在很大差异，实际操作中投资者存在认知偏差、过度自信、赌博心理、从众心理等非理性心理偏差导致的"羊群行为"等非理性行为。

我拍拍激动的树儿的肩膀说："市场虽然存在这样的不足，但是不必过于悲观。当前的股市有价值投资生存的土壤。2017 年被很多行业内人士称为中国'价值投资元年'，如果此前提起价值投资，那么有不少人对其是十分不屑甚至鄙视的，认为价值投资就是'空话'，认为按照价值投资理论进行操作财富涨得会很慢。但是，在 2017 年之后，开始涌现出一大批人追捧价值投资，价值投资越来越凸显出它的魅力。

"以贵州茅台为例，在 2001 年上市的时候市盈率是 27 倍，股价 34 元，到了 2017 年，时隔 16 年后的贵州茅台动态市盈率只有 21.7 倍，股价 400元。简而言之，贵州茅台的 PE 值并没有太大浮动，依然在价值投资的合理范围之内。

"支撑贵州茅台股价上涨的，是贵州茅台的业绩，其在 16 年的时间内增长了 70 倍。再看看持有贵州茅台的股东，从 2001 年上市至 2017 年，贵州茅台股价的涨幅也已经超过 70 倍，包括 QFII、社保基金等众多机构投资者，都从中分享了十分可观的收益。"

说到这里我和树儿不由地打开炒股软件，看贵州茅台的股票走势图，雄赳赳地一路向上，走势看上去像一幅艺术图，令人激动和向往。

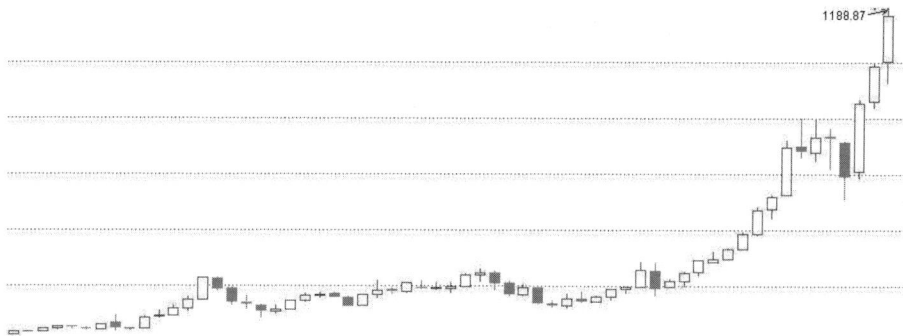

我补充说道："当下值得投资的好企业越来越多，如格力电器、招商银行、五粮液等，虽然存在种种不足，但不可否认中国股市具有价值投资的有效性。"

中国股票市场有效性的不断提升与投资者结构和能力的变化密切相关。近年来个人投资者占 A 股市场流通市值的比重不断下降，而包括一般法人在内的广义机构投资者占比则逐渐上升。相比于个人投资者，机构投资者具有专业能力上的优势，并在期限和流动性方面有更大的容忍度。此外，机构投资者对于信息的搜集、分析和理解程度往往优于个人投资者，对于价格的判断也更为客观理性。如此一来，如果市场上机构投资者所占比重越高，则市场有效性程度越高。

未来随着人均收入的提高、市场进入壁垒的放宽、企业年金制度的建设完善，预计会有更多资产管理公司、保险公司、养老基金和境外机构投资者进入 A 股市场，投资者结构的机构化趋势将不断加强，从而进一步提高市场的有效性。

近年来随着网络技术的飞速发展，信息传递的速度和精度日新月异，原有存在于投资者之间的"信息鸿沟"逐渐收窄，信息在市场上的分布趋于扁平化，使得更多投资者有能力进行更加客观精确的判断，继而推动了市场有效性的不断上升。

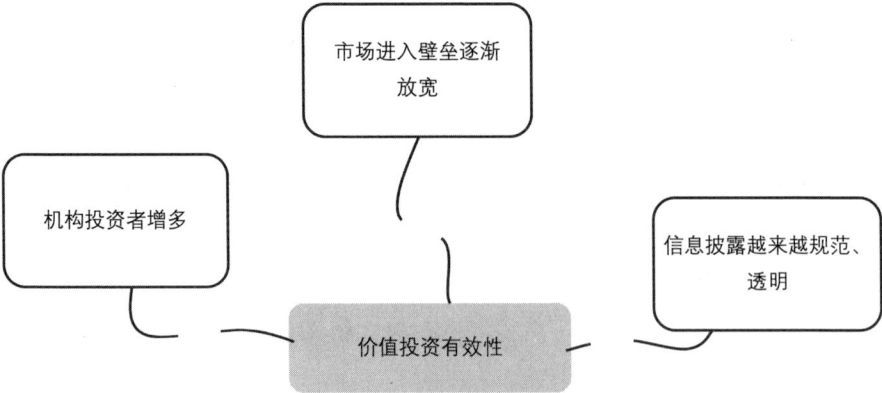

```
                    ┌─────────────┐
                    │ 市场进入壁垒逐渐 │
                    │    放宽     │
                    └─────────────┘
                           │
 ┌─────────────┐                        ┌─────────────┐
 │ 机构投资者增多  │                        │ 信息披露越来越规范、│
 │             │                        │    透明     │
 └─────────────┘                        └─────────────┘
        │                                      │
        └──────────┌─────────────┐─────────────┘
                   │ 价值投资有效性  │
                   └─────────────┘
```

回归理性在于价值投资

树儿呷了一口酒，说道："价值投资像白酒，历久弥香！知易行难啊，那么什么才能算是真正的价值投资呢？"

其实，价值投资说起来很简单，就是找到又好又便宜的公司，分散买入长期持有。但是，在这个浮躁的行业当中，真正能够做到心平气和长期持有的投资者并不多。

价值投资坚持低买高卖或者不卖，看似非常简单，但实际上操作起来并非易事，不仅要能够给企业进行正确的评估，而且要能够学会正确地对待股票的价格。就我自己多年的价值投资经验来看，价值投资应当利用买股票就是买生意的思维，评估内在价值，利用特许经营和集中持股的思维，优中选优，与市场先生做朋友，考虑安全边际，进行逆向投资，买入后定期体检，长期持有，让优秀的公司源源不断地为自己赚钱。

价值投资就是要赚企业增长的那份钱，而企业的发展很难在短期内爆发性增长，需要漫长的时间。如果你想依靠价值投资短期内暴富那么其可能性也许并不大，但是如果你有足够的耐心，长期而言，稳定地获取良好回报的可能性就会非常大。

综上所述，能够总结出价值投资的核心是在低迷的时候，将具有安全边际的投资和财务分析相结合，最后作出投资的一种投资理念。

我个人践行价值投资已经有十几年的经历，加上阅读各大名家的书籍，总结出了对于价值投资整个概念最精辟的结论：价值投资从简来说就是以便宜的价格买入好的公司，并长期持有。同时，可以结合格雷厄姆价值投资理论以及巴菲特等一系列投资大神对于价值投资的理解。纵观股票行业中的投资大神，从格雷厄姆再到巴菲特，没有一个不是价值投资的践行者，尤其是巴菲特可以坚持持有可口可乐的股票几十年，更是典型的价值投资者。

通过分析各个投资大咖的投资经历，我总结出价值投资的三大特点。

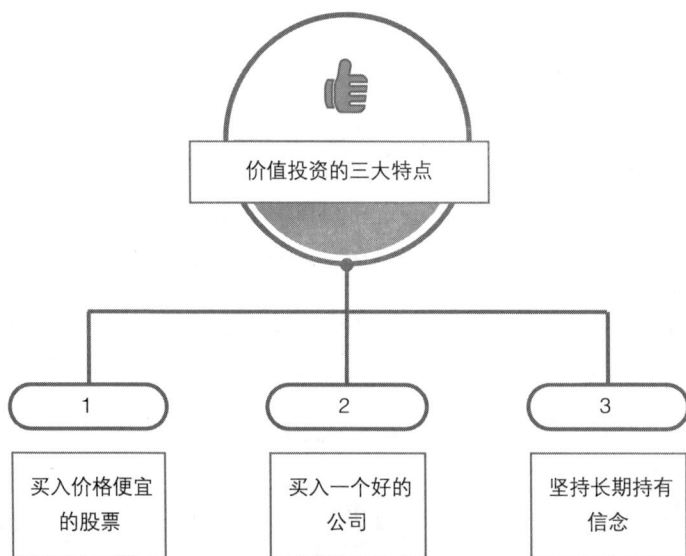

1. 买入价格便宜的股票

价值投资者在投资过程中，首要一点就是保证自己所买入的股票价格是"便宜"的。这并不是让大家在股市中到处寻找廉价股，而是意味着价值投资者应当设定安全边际，实际买入价格必须小于股票的合理价格区间，这就需要我们对股票进行一定的估值，即使我们估值估不准，也要起码做到在心中对于该企业股票市场价值有一个大概的了解。

2. 买入一个好的公司

价值投资过程中的重点是买入好的公司，每个股票代码背后对应的都是一家上市公司，我们需要投资的是好的公司，好的公司要么有稳定的盈利业绩，要么有良好的成长性，或者两者兼有。

3. 坚持长期持有的信念

价值投资者在投资过程中应当坚定长期持有的信念。这也是最考验一个人的耐力，投资中最困难的事情，很多人拿不住是因为落袋为安的心理，拿得住反而是因为下跌了不想割肉。

凡是购买内在价值远远超过价格的行为都是价值投资，价值投资是比出来的，不是猜出来的。正如我这些年一直提到并且坚持的那样，对价值投资定义得最好的还是格雷厄姆概括的定义：投资是根据深入的分析，承诺本金安全以及回报率令人满意的收益，不符合这些条件的操作则是投机。其本质也就是说投资必须是经过分析得出来的，有逻辑依据，不是随意假想的；要保证本金安全，不能冒着过高的风险，或者失败概率很大；要取得令人满意的收益，不是很低的收益。当然，在进行估值的过程中，越客观、越保守地进行估价，越可能接近价值投资。

树儿两眼放光，说道："'听君一席话，胜读十年书'，仿佛为我打开了新世界的大门啊，价值投资显得更加稳妥一些，而且长期持有也不会像炒短线一样累人。看来我需要重新研究一下该如何选股了！"

选择高成长股

　　《彼得·林奇的成功投资》一书中大致将可选择的股票分为：缓慢增长型、稳定增长型、快速增长型、周期型、困境反转型和隐蔽资产型，其中有如下两种公司股价会阶段性上涨。

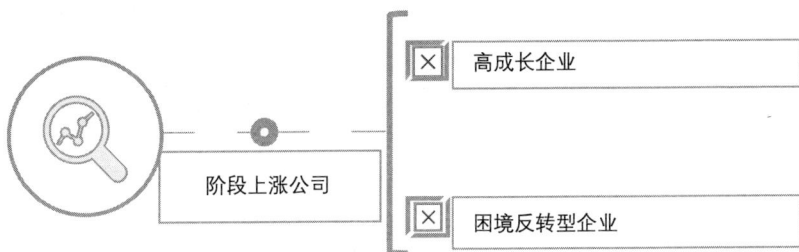

　　困境反转型企业一般信息容易不对称，所以普通大众一般是搞不定的，但是相对于市场存在的高成长股，通过耐心观察和跟踪，反而更容易捕捉到。

　　2013 年和 2018 年上半年大盘和创业板冰火两重天的境遇不是偶然，

如此割裂的表现就恰好印证了国家经济转型期注定一部分行业没落，一部分行业崛起。所以牛股选择首先一定要符合行业拐点发展趋势，其次看企业的经营模式和竞争优势。

高成长股一般会具备如下特征。

1. 行业有"钱"景

如果行业需求高增长，那么行业中的公司生意就好做，其中细分优势明显的好公司增速又会比行业增长均速快，比如曾经房地产黄金十年里的万科、保利；这几年医疗器械中的和佳股份；手游中的掌趣科技和北纬通信；近几年二三线城市 SUV 一直高增长，其中长城汽车更属于彼得·林奇喜欢的成熟行业中的高成长企业。

如果行业的发展趋势是阶段性高速增长的，则行业中的优质企业就会有很高的营收和市值。这一点应该好理解，行业空间大才能铸就企业高成长，有助于在快速发展中凸显优秀企业的特质，产生细分行业龙头。

快速发展中的朝阳行业通常集中度不高，初期竞争不会很残酷，有利于先入的优势公司迅速壮大自己的堡垒，扩宽自己的护城河，这一过程中已上市的优势公司可以借机低成本扩张、并购，依靠先发优势奠定未来企业数十年的稳固地位，如广告业中的省广股份、蓝色光标。

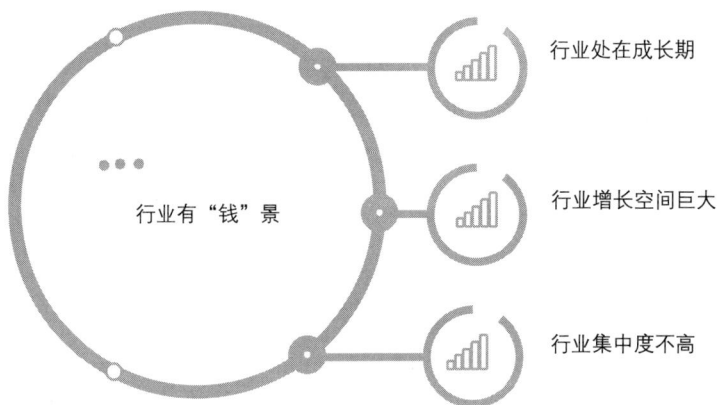

行业有"钱"景

行业处在成长期

行业增长空间巨大

行业集中度不高

2. 团队领袖素质超群

优秀的管理团队是我们强调的核心选股原则，企业文化通常是老大文化，他的品行、能力和魅力是创业要素的关键，是不是充分理解行业发展、清楚自身企业的发展战略、能带领团队准确实施战略落地，尤其是新兴产业公司整体规模不大的时候，对企业领袖的重要性怎样高估都不过分。

3. 公司资产结构健康

公司发展经历初始期、成长期、成熟期和衰退期，每阶段的财务结构都会有不同特点，但是任何阶段的财务结构都需要在行业合理掌控的范围内。团队有正确的战略规划，行业又在快速发展，充分利用募集资金，实施并购和扩产，能够快速地帮助企业壮大，所以我们看到那些上市募集到资金的次新股中出了很多牛股。

新上市的概念股票估值容易虚高。另外，公司刚上市，扩大产能，招人，各种费用剧增，但产品产出到现金回流需要一定时间，加上估值奇高，所以如果有你看好的高成长股，不妨耐心等上一年半载，等待企业优秀本质日渐清晰，股价回落时逢低买入并耐心持有。

股市反映的是企业未来的预期，所以投资需要有时代的洞察力，知道哪些行业会继续高速地发展，这样就能很容易地从已经走牛的股票中，选出未来 3 年、5 年业绩保持 30% ~ 50% 甚至以上高速稳定增长的牛股，这种业绩增长的稳定性通常会造成股价很难回落，但通常一年内由于行业及企业经营和结算周期特点估值都会有小范围起伏，投资者可以耐心等待买点。

投资高成长股有一个方法是把资金分成 5 份，分 5 个月在同一日买进，不看价格。对于优秀企业来说，时间是最好的安全边际。

没有什么不是时间可以改变的。只要你有耐心，那么高成长的公司一定会通过时间化解高估值，然后你耐心持有数年等待最终收获。不要害怕股价已经涨了很多倍，价格高和已翻数倍不是放弃的理由。

横向比较中美股市，历史上好公司的股价往往一涨数年，涨幅高达十几倍甚至几十倍。关注已经走牛的个股，至少市场承认它的地位和优势，投资者认清企业内生性质地和外延性机遇，也许它是小荷刚露尖尖角。

具有护城河的高成长企业

树儿拿起桌上的饮料喝了一口，说道："我小时候特别喜欢喝可乐，到了成年才明白可乐对身体健康有害无益。这就像高成长股，它的确会给予投资者超高的回报率，事实上高成长股票风险挺大的，业绩增长存在较大的不确定性，一旦增长放缓甚至不再增长，投资者给予了过高的市盈率的股票就很容易暴雷。乐视、暴风集团刚上市时，都是众多投资人追捧的高成长股，市盈率高达几百倍，结果呢？乐视严重亏损，暴风集团2015年上市，40天36个涨停板，股价高达300多元，到了2018年暴风集团亏损9亿多元，股价跌到了7元左右。"

树儿越说越激动，几乎拍着桌子说道："高成长股给予投资者的不是惊喜而是惊吓！"

我点头叹息道："暴风集团刚上市时，我也买入了几百股，但是很快我就出货了，因为我看到暴风集团高管都在大额套现，创始人频繁地质押股权，我认为这是一个危险信号，所以我出货了。暴风集团上市前确实是充满前景的高成长企业，但是上市后创始人表现出的经营水平让这个企业丧失了高成长的特质。"

价值投资最重要的工作就是筛选真正的高成长股，剔除伪成长股。

具有强大护城河的高成长企业具有强大的竞争优势，投资者应当购买给予高估值的股票，而不是在股市中只买那些市盈率、市净率最低的低价股票。因为股价低、估值低并不能保证投资者依靠它就能够赚钱。

同时，正是因为企业具有护城河，所以能够保证企业存在的时间更长，竞争优势更大，会创造更多的现金流回报，投资者的收益也会更大。

巴菲特对自己最喜欢的公司的定义是："美丽的城堡，周围是一圈又深又险的护城河，里面住着一位诚实而高贵的首领。护城河具有强大的威慑作用，使得敌人不敢进攻。首领不断地创造财富，但不独占它。"

从上述这段话中能够看出，一个企业就像城堡，也会受到竞争对手的攻击，所以，一个优秀的企业要不断提高产品的核心竞争力，让竞争对手没有任何可攻击点，而且要让这种竞争优势一年比一年突出，即不断拓宽企业的护城河。投资者应当把企业的护城河加宽能力以及是否具有不可攻击性作为判断一家企业是否伟大的主要标准。

一家企业的护城河就是这家企业通过合法的手段，建立起来的竞争对手无法拥有的竞争优势。通过这些竞争优势，企业可以在一定时间范围内获取高于竞争对手的经济回报。这些竞争优势能够持续的时间越长、带来的经济回报更高，该企业的护城河就越宽。

我们都知道，可口可乐、美国运通、吉列、富国银行等公司的股票，一直是巴菲特长期持有并获得卓越回报的股票。他之所以购买这些公司的股票，是因为这些企业拥有宽阔的护城河。

护城河是巴菲特的投资哲学中最核心的理念。以我多年的价值投资经验来看，一个优秀企业真正的护城河能够为企业长期创造最大价值，而且能够用最高效的方式和最低的成本创造最大价值。一个企业的护城河是在长期竞争中逐渐形成的，而非一蹴而就，并且护城河会跟随着企业的发展越来越宽阔。

企业的护城河在哪里

树儿说道："护城河的概念很好理解，问题是，如何分析上市企业是否具有护城河？"

我喝了一口水，说道："竞争优势是让企业维持高增长的护城河，没有护城河的企业很有可能在激烈的竞争中很快被淘汰。巴菲特总结出无形资产、成本、客户黏性、网络效应构成企业的竞争优势。"

1. 无形资产

企业的无形资产就好比一条经济护城河，具体到投资中，能够构成护城河的无形资产有品牌、专利和特许经营 3 项。

企业具有品牌，并不意味着就具有护城河，只有那些能够带来定价权的品牌，才可以为企业带来护城河。

如果一个企业仅仅凭着其品牌就能以更高的价格出售同类产品，那么这个品牌就非常有可能形成一个强大无比的经济护城河。

在我们日常生活中的消费品中，苹果公司的 iPhone、Mac 和 iPad 等产品，其售价就要高出市场上的同类产品。诚然，其产品的制造成本比同类产品高，但相比同类产品之间的成本差异，其售价差异则更大。这就是品牌的力量，这就是苹果公司的一条经济护城河。

纵观 3,000 多家中国 A 股上市公司，真正拥有品牌护城河的企业，其实寥寥可数，品牌所形成的护城河最宽的企业，不得不提到贵州茅台和五粮液。先来说贵州茅台，贵州茅台的平均价格在 1,250 元左右，同行业中的佼佼者五粮液的平均价格在 850 元左右，二者相差了将近 400 元，贵州茅台的销量并没有因其高昂的价格而受到影响，反而是在市场上一酒难求。

当然，这并不意味着五粮液没有护城河。在市场上，五粮液也是销售名列前茅的白酒，它也是一家具有护城河的企业，但其护城河要比贵州茅台的护城河窄。

除了贵州茅台和五粮液，具有类似品牌护城河的公司，还有格力电器、云南白药等企业。这些公司的产品售价明显高出竞争对手的产品，但高价格并不影响消费者的购买需求，这就是竞争对手无法侵入的护城河。

2. 专利打造独特竞争力

我们知道，专利是通过法律的手段，给予一家公司独占一项技术的权利。对于拥有核心技术专利的公司，其产品可以以很高的价格出售，拥有极高的毛利，进而获得超额利润。

相对而言，在科技行业中比较常见的具有专利性质的企业，比如美国高通公司（全球领先的高科技通信企业，全球最大的移动芯片供应商）。在智能手机时代，美国高通公司依靠在通信行业的各种专利获取了高额的利润，无论是苹果还是三星，或是小米还是华为，每卖出一部手机，都需要向高通缴纳一笔专利费。

比如在中国市场，根据高通协议，对于面向在中国销售使用的手机终端，高通对 3G 设备收取 5% 的专利费，对不执行 CDMA 或 WCDMA 网络协议的 4G 设备收取 3.5% 的专利费。

投资者可能想不到，高通收取的专利费并不是基于其所提供的芯片的价格基础，而是基于整机，即每一种专利费的收费基础是设备销售净价的 65%。这意味着，如果我们在手机上镶嵌了一块宝石，那么高通也会按照一定比例收取宝石价格的费用。这就是专利给高通公司构建的护城河，有了这条护城河，高通公司甚至可以躺着挣钱。

3. 特许阻挡竞争者

帕特·多尔西在《巴菲特的护城河》一书中对特许进行了如下描述："能创造持久性竞争优势的最后一种无形资产是法定许可，它让竞争对手很难甚至不可能进入你的市场。通常，企业在需要通过审批才能从事经营的情况下，这种优势能够发挥到极致。"

享有特许经营的行业为数不多，有公用事业、债券评级等。最为著名的企业便数美国的穆迪公司（成立于 1900 年，由 John Moody 创立，位于美国纽约曼哈顿，该公司是著名的债券评级机构）。

在美国，债券评级行业是一个需要经过诸多的官方冗长的审核以后方能获得经营权的行业，因此行业处于寡头市场格局，其"投资者服务"业务的利润率超过 50%。

我国也有一些特许经营的行业，比如烟草、公用事业、免税店等，从价值投资的角度来说，在这些特许经营的行业中就属免税店行业中的企业称得上特许经营，为什么这么说呢？因为烟草行业没有上市企业，公用事业企业虽然具有特许经营的优势，但其产品价格是由政府指导制定的，这类公司无法获得超额的回报，所以并不具有经济护城河。

投资者需要知道的是，特许经营和品牌一样，只有在特许经营的同时具有定价权的企业，才拥有真正的护城河，投资这类企业才可以获得更高的经济回报。比如中国国旅持有中免集团和日上集团的股权，这给中国国旅带来了卓越的经济护城河。

综合来说，品牌、专利、特许经营企业的无形资产，为企业打造了一条经济护城河，保护了企业的安全和利益。同时，也帮助投资者提高了判断企业的能力。

4. 成本优势

公司可通过降低生产成本来为自己的业务构筑经济护城河，能够以较低的成本提供类似的产品以及服务也是一项非常重要的竞争优势来源。成本的优势意义非凡。

判断一个企业是否具有成本优势可以从以下几个方面分析：

（1）是否具有优越的地理位置。具有优越地理位置的企业往往能够获得更持久的发展。这些产品消费市场接近生产地，通常有更低的价值重量比。

（2）是否具有优化的程序。基于程序优化的护城河还需要谨慎看护，因为在竞争对手复制这种低成本流程或发明新成本流程之后，这种成本优势往往转瞬即逝。

（3）是否具有特殊的资源。企业所拥有的资源和采购成本低于其他企业。如果企业依托独一无二的资源禀赋，比如生产原料的独家垄断、地理自然资源的唯一占有等，则会形成有利的成本优势。例如，地底并不深的矿产，贵州茅台镇独特的水质和环境资源等。

（4）是否具有相对较大的市场规模。最关键的不是绝对规模，而是和竞争对手相比的相对规模。从整体上看，固定成本对变动成本的比值越高，规模效益就越大，行业也就越稳固。全国性的物流、汽车生产商、芯片生产商屈指可数，而小的房地产中介、会计师事务所、律师事务所多如牛毛。

在我之前的博客中也曾对成本优势进行过简单的分析。在我看来，一个好的企业，销售成本应当越少越好。只有把销售成本降到最低，才能够保证企业将销售利润升到最高。尽管销售成本就其数字本身而言并不能够告诉我们公司是否具有长期持久的竞争力优势，但是，通过销售成本数据却能够告诉我们公司毛利润的大小。

通过分析企业的利润表就能够看出这个企业是否能够创造利润，是否具有持久竞争力。

企业能够盈利仅仅是一方面，还应当分析这个企业所获得利润的方式，是否需要大量研发新产品以保持竞争力，是否需要通过财富杠杆以获得利润。因为利润的来源远远比利润本身更加有意义，通过从利润表中所挖掘到的这些信息，能够判断出这个企业的经济增长原动力。

5. 客户黏性

提高客户的黏性也就是建立较高的消费者转换成本，这是构筑企业护城河当中最重要的一个类型。所谓客户黏性，是指客户对于品牌或产品的忠诚、信任与良性体验等结合起来形成的依赖感和再消费期望值。依赖感越强，客户黏性越高；再消费期望值越高，客户黏性越高。

客户黏性实际上就是锁定产品消费者，如果能够使消费者转换产品的过程变得更加困难，则能够赚取更多的钱。转换成本属于费用支出，表现形式可以是时间的代价、遇到的麻烦、付出的金钱或承担的风险，这些都是顾客从某一厂家或供应商转到另一厂家或供应商时可能遭遇的费用支出。也就是说，消费者转换成本不仅仅是指金钱方面，通常降低消费者对于竞争者产品和服务的兴趣依靠的是时间。

如果学习使用一件新的产品需要消费者投入大量的时间，就意味着消费者转换到竞争者产品上要蒙受很大的时间损失，即使竞争者提供更低的价格或更好性能的产品或服务，面临高转换成本，顾客也不一定愿意做出转换的行动，除非这种性能或价格上的改善大到足以弥补其转换成本。

如果转换行为带来偏高的失败风险，或者顾客总的转换成本远远高于产品或服务的成本，那么高转换成本就可以作为公司特别重要的护城河来源发挥作用。

苹果公司就是一个典型的例子。苹果公司有自主研发的操作系统 OS 系统和 iOS 系统，并且建立了完善的生态圈，苹果用户在苹果应用商店下载各种应用程序，玩游戏，看电影及电视节目。由于苹果的操作系统和其他操作系统不兼容，当苹果用户转用其他厂家的产品时，就会付出较高的转换成本，如学习成本、时间成本、精力成本等。

苹果公司也正因此而具有非常高的客户黏性，在行业中具有强大的竞争优势。

6. 网络效应

在这个互联网重塑生产、改变交易方式的时代，一家公司能够为消费者提供多大价值成为其护城河的新的来源。

美国著名的全球性研究机构晨星公司的股票团队领导人对价值投资有较强的理解与认识，其所著的《股市真规则》一书，被广大价值投资者奉为投资圣经。帕特·多尔西曾在《巴菲特的护城河》一书中提出构筑企业的护城河另一关键因素为网络效应。

在《巴菲特的护城河》中他如是写道："企业也一样可以受益于网络效应，也就是说，随着用户人数的增加，他们的产品或服务的价值也在提高。建立在网络基础上的企业，更容易形成自然垄断和寡头垄断。"

信息产品存在互联的内在需要，因为人们生产和使用它们的目的就是更好地收集和交流信息。而人类渴望交流信息这一需求的满足程度与网络的规模有着密不可分的关联。如果在互联网中只存在少数的用户群体，则这一部分用户群体不仅要承担相当高昂的运营成本，而且只能与有限数量的人交流和使用信息、经验。

随着用户数量的增加，这种不利于规模经济的情况将不断得到改善，所有用户都可能从网络规模的扩大中获得更大的价值。此时，网络的价值呈几何级数增长。这种情况，即某种产品对一名用户的价值取决于使用该产品的其他用户的数量，在经济学中称为网络外部性，或称网络效应。

网络效应是企业能否基业长青的关键，是在数字世界建立可防御性的头号手段。

放眼中国大市场，其中也不乏具有网络效应的企业。例如，阿里巴巴旗下的支付宝 App，就是一个极具网络效应的产品。使用支付宝的用户越多，其价值越高。同时，使用者越来越多，也会逼迫其他人一起使用这些商品，从而导致用户数量不断扩张。这就是网络效应的魅力，也是支付宝能够吸引上亿名用户的秘诀。

与支付宝类似，中国市场中另一家具有代表性网络效应的公司是腾讯。从调查分析中可知，腾讯旗下的 QQ 和微信，是网络效应比支付宝更强大的产品。针对当下的中国大多数消费者，如果不愿意使用支付宝，则可以使用现金、信用卡或者微信支付，但是如果不使用微信，则生活可能会受到很大影响。因为微信已经成为最流行的社交、媒体平台，甚至很多公司的业务和交流都是在微信群里完成的，一个人如果不用微信那么可能连基本工作都无法开展，这也导致微信具有强大的企业护城河。

如果说第三方支付市场是寡头市场，微信则是独一无二的垄断商。在其庞大的竞争力面前，其他竞争对手推出的任何产品，都难以对其形成威胁。传统电信运营商之间的产品是互相兼容的，比如中国移动的手机用户可以直接给中国联通的手机号发送短信，但是你能想象微信会允许阿里巴巴的某个产品与其微信直接互联互通吗？

微信本身是一件免费的商品，但它的网络效应实在太过强大，凭借这个无比强大的产品，腾讯可以找到无数的能够带来盈利的商业模式。

第十章

找到好企业，耐心持有

在 2008 年的股市中，很多投资者被深度套牢，他们要么割肉、要么伤心地离开股市。对于 2008 年我最大的感悟是追涨停板不再有效、不敢再持股。2010 年，我认真地反思自己成功和失败的经验，发现只有价值投资持股才能通过一只股票赚几倍、十几倍的利润，而技术分析其实都会导致提前卖出。几年的经验，总结起来就是股市投资还是要回到现实中来，从关注 K 线的波动，变成关注企业的基本面变化。

K 线只不过是一个个鲜活企业的影子，如果每天追逐影子，那么永远寻找不到投资的真谛，在不断研究企业的过程中，我的心态逐渐趋于平稳。

财务分析是必修课

树儿说道："如果把护城河理论简化到实战投资操作上，寻找行业龙头股就相当于筛选出了优质企业。"

我思考了下说道："寻找龙头股的确可以帮助我们简化筛选股票的工作，而且可以帮助我们缩减寻找企业的范围。只找行业龙头企业、优秀的企业，这样就可以先过滤掉90%的企业，只对剩下10%的企业进行优中选优，降低了筛选的难度。即便如此，用龙头股建立起股票池后，也要研读企业的财务报表。财务报表可以帮助我们考察企业是否具备长期盈利的能力。"

财务报表最直观地反映了企业的经营水平和赚钱能力，看财务报表就如同人们在相亲时需要考察对方是否有殷实的家底，未来是否有赚钱的能力。

考察一个企业的"家底"，其实就是在调查企业在历史中的盈利能力。

这就要求投资者在投资之前仔细读一下企业历年财务报告。主要看企业的经营能力，主要指标看毛利率、净利率、净资产收益率、应收款、应付款、周转率等，对于这些指标最好关注 5 年以上，而短期的营收和净利增长往往没有想象的重要。在价值投资过程中对企业的分析需要从其历史记录来看，而非注重短期业绩。

一个企业的历史盈利能力是一家公司是否能够建立起企业护城河的试金石，在进行价值投资之前，了解历史盈利能力是必不可少的环节。

除了要查看企业的历史收益，还要查看企业收益的来源以及收益的周期等信息，分析企业为何能够保证长期稳定的有效收益。

具体到股市中，投资者可以参考的财务指标有：每股收益，即净利润除以总股本；每股收益扣除，即扣除非经常性的、非经营性的损益后的每股收益。如果扣除损益后的每股收益明显小于扣除前的每股收益，就说明其净利润里掺杂了过多的非经营性收益，以防因此高估公司的盈利能力。

比如，毛利率在 50% 以上，净利率在 20% 以上，净资产收益率在 15% 以上的企业基本就是竞争和垄断能力比较强的企业。不同行业有差异性，但在各细分行业内部，通过同行业不同企业间的有些差异，往往能看出优秀企业的一些闪光点。

只看一个企业的收益稳定性、周期性是不够的，还要考察企业的收益质量。在此以某商店为例，虽然店内的生意很好，但大都是赊账的"白条"，而现金十分少。这样一来，收益质量并不高。

具体到股票市场当中，可参考的企业财务指标中每股经营活动现金流量净额，即企业报表中的经营活动现金流量净额除以总股本。其中，要求现金流量净值与每股收益进行对比，且越高越好，同时不能长期为负值。

我拿出手中厚厚一叠材料，说道："我的心头好就是这些财报。每天看看财报，对于净资产收益率、净利率等数字我都能背出来了。"

树儿问道："看一个企业的财务报表能够预测未来吗？"

很多时候我们希望能够通过阅读企业报表，来判断企业未来的发展情况，或者至少有一个对未来的预测，那么报表是否具有这样的功能呢？或者说预测企业的未来，报表到底管不管用，能否提供一点依据？

从投资的实践来看，报表确实只能提供一点点依据，想完全依靠报表的阅读来判断企业的未来是不太容易的，但这并不表示企业财务报表没有意义，正相反，能够看懂一个企业的财务报表是为企业估值的重要前提。

先从利润表入手

作为一个价值投资者，首先应当通过财务报表中的 3 张报表对整个企业进行初步的了解。可以说，资产负债表、利润表和现金流量表是分析一家公司并且进行估值的窗口。

树儿说道："我会先看利润表，看看上市企业到底赚了多少钱。"

我笑了，说："我也先看利润表，利润表最直观地反映了企业赚钱能力，如果利润表数据很难看，就不用进一步看资产负债表和现金流量表了。"

其实，利润表主要反映一定时期内公司的营业收入减去营业支出之后的净收益。通过利润表，我们一般可以对上市公司的经营业绩、管理的成功程度作出评估，从而评价投资者的投资价值和报酬。

利润表可利用如下公式进行表达。

$$利润 = 收入 - 费用$$

利润表包括两个方面：

一方面反映公司的收入及费用，说明公司在一定时期内的利润或亏损数额，据以分析公司的经济效益及盈利能力，评价公司的管理业绩；

另一方面反映公司财务成果的来源，说明公司的各种利润来源在利润总额中占的比例，以及这些来源之间的相互关系。

对利润表进行分析，主要从收入和费用两方面入手分析。

1. 收入项目分析

公司通过销售产品、提供劳务取得各项营业收入，也可以将资源提供给他人使用，获取租金与利息等营业外收入。收入的增加，则意味着公司资产的增加或负债的减少。

记入收入账的包括当期收讫的现金收入、应收票据或应收账款，以实际收到的金额或账面价值入账。

2. 费用项目分析

费用是收入的扣除，费用的确认、扣除正确与否直接关系到公司的盈利。所以分析费用项目时，应首先注意费用包含的内容是否适当，确认费用应贯彻权责发生制原则、历史成本原则、划分收益性支出与资本性支出的原则等。其次要对成本费用的结构与变动趋势进行分析，分析各项费用占营业收入的百分比，分析费用结构是否合理，对不合理的费用要查明原因。同时对费用的各个项目进行分析，看看各个项目的增减变动趋势，以此判定公司的管理水平和财务状况，预测公司的发展前景。

看利润表时要与上市公司的财务情况说明书联系起来。它主要说明公司的生产经营状况；利润实现和分配情况；应收账款和存货周转情况；各项财产物资变动情况；税金的缴纳情况；预计下一会计期间对公司财务状况变动有重大影响的事项。财务情况说明书为财务分析提供了了解、评价公司财务状况的详细资料。

树儿说："格雷厄姆有一句忠告，'别把上市公司的单年的利润当回事，计算 5 年的平均利润更有意义'。"

我说："偶尔一年赚钱是行情好，偶尔两年赚钱也许是运气好，连续 5 年赚钱证明上市公司有稳定的业务、强大的运营的能力，以及稳定的赚钱能力。连续 3 年能赚钱的上市企业值得重点关注。"

我拿出贵州茅台的财报，在纸上画了一个统计表，贵州茅台从 2016 年到 2019 年连续 4 年在赚钱，而且赚的钱越来越多。

财务指标	2019-06-30	2018-12-31	2017-12-31	2016-12-31
审计意见	未经审计	标准无保留意见	标准无保留意见	标准无保留意见
净利润(万元)	1995102.56	3520362.53	2707936.03	1671836.27
净利润增长率(%)	26.5592	30.0017	61.9738	7.8389

树儿感叹道："贵州茅台真是一个强大的公司。"

"这样的强大的公司很多。"我有点激动地说道。我又调出了格力电器的财报向树儿展示。格力电器从 2016 年到 2019 年连续 4 年在赚钱，到了 2019 年盈利增长率出现下跌。

财务指标	2019-06-30	2018-12-31	2017-12-31	2016-12-31
审计意见	未经审计	标准无保留意见	标准无保留意见	标准无保留意见
净利润(万元)	1375019.41	2620278.77	2240048.40	1546362.58
净利润增长率(%)	7.3714	16.9742	44.8592	23.3888

树儿和我几乎同时发出疑问："2019 年格力电器利润率为什么会出现这么大的下跌呢？"

我摊开双手说道："也许上市公司会对下跌做出合理的解释，但是我更愿意在冰冷的数字中寻找答案，显然单看利润表并不够，我们需要进一步看现金流量表和资产负债表。"

钱的运动轨迹

树儿疑惑地问道："有必要对现金流量表进行分析吗？它不过是一堆财务数据的记录和罗列。"

我敲敲桌子，大声说道："现金流量表非常有必要看，它反映的是一家公司在一个会计年度发生的现金是多少，以及现金由哪些部分构成，它比利润表更可靠、更直观，同时也更能检验一个公司创造现金的能力。"

对一个企业来说，现金流就像汽车油箱里面的汽油，没有了汽油，车是跑不远的。一个企业没有了现金流，很难生存下去。

现金流量表是财务报表的 3 个基本报告之一，其所表达的是在一个固定期间内一家机构的现金，包含银行存款的增减变动情形。可以说，现金流量表主要反映出资产负债表中各个项目对现金流量的影响，并根据其用途划分为经营、投资及融资 3 个活动分类。现金流量表可用于分析一家机构在短期内有没有足够现金去应付开销。

现金流量表用于把企业的所有业务按照收付实现制作流水账，收多少钱付多少钱，而资产负债表是按照权责发生制，并不一定是产品真的交付了才算交易成功，即使还在自己的仓库但是满足了一些条件，仍然可以认为所有权发生了改变，如指示交付等。

想要对一个企业的现金流量表进行分析，首先应当知道对企业的三大现金流活动评价，分别是经营活动现金流、投资活动现金流、筹资活动现金流。

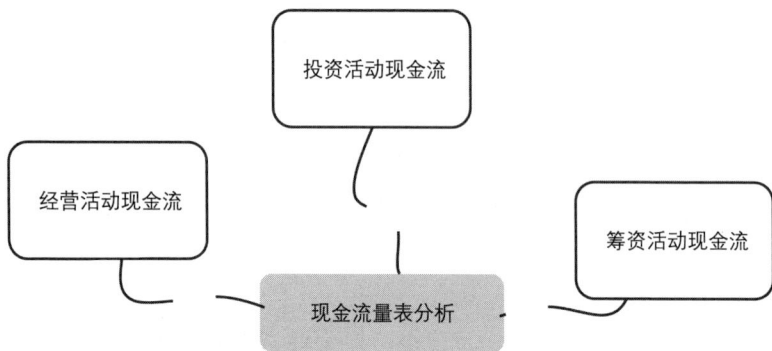

（1）来自经营活动的现金流量：反映公司为开展正常业务而引起的现金流入量、流出量和净流量，如商品销售收入、出口退税等增加现金流入量，购买原材料、支付税款和人员工资增加现金流出量等。

（2）来自投资活动的现金流量：反映公司取得和处置证券投资、固定资产和无形资产等活动所引起的现金收支活动及结果，如变卖厂房取得现金收入，购入股票和债券等对外投资引起现金流出等。

（3）来自筹资活动的现金流量：指公司在筹集资金过程中所引起的现金收支活动及结果，如吸收股本、分配股利、发行债券、取得借款和归还借款等。

树儿疑惑地问道："经营、筹资、投资这三方面的现金流量能反映上市企业的什么问题呢？"

我赞叹道："这是一个好问题。如果一个人没有正常收入，三天两头找你借钱，那么你会借给他吗？显然不会，因为你能判断出他没有还钱能力。但是如果一个人年薪几百万元，他总是向你借钱，你会借给他吗？你肯定会借给他，因为他有还钱能力。把这个情况对应到上市公司上，我们却失去了分析判断能力，因为上市公司的财务报表太复杂了，不仔细分析难以捋清楚。"

一切拥有复杂业务的上市公司每天都会有大量的经营数据在变化，这种数据变化反映在企业财务上就是每日资金的流入和流出。而且，无论一个企业的业务多么复杂最后都要落到账面上，通过资产财务数据来反映。

分析现金流量及其结构，可以评价企业经营状况、创现能力、筹资能力和资金实力。

（1）经营活动产生的现金流量分析。将销售商品、提供劳务收到的现金与购进商品、接受劳务付出的现金进行比较。在企业经营正常、购销平衡的情况下，二者比较是有意义的。比率大，说明企业的销售利润大，销售回款良好，创现能力强。

将销售商品、提供劳务收到的现金与经营活动流入的现金总额比较，可大致说明企业产品销售现款占经营活动流入的现金的比重有多大。比重大，说明企业主营业务突出，营销状况良好。将本期经营活动现金净流量与上期比较，增长率越大，说明企业成长性越好。

（2）投资活动产生的现金流量分析。当企业扩大规模或开发新的利润增长点时，需要大量的现金投入，投资活动产生的现金流入量补偿不了流出量，投资活动现金净流量为负数，但如果企业投资有效，将会在未来产生现金净流入用于偿还债务，创造收益，企业不会有偿债困难。因此，分析投资活动现金流量，应结合企业的投资项目进行，不能简单地以现金净流入还是净流出来论优劣。

（3）筹资活动产生的现金流量分析。一般来说，筹资活动产生的现金净流量越大，企业面临的偿债压力也越大，但如果现金净流入量主要来自企业吸收的权益性资本，则不仅不会面临偿债压力，资金实力反而增强。因此，在分析时，可将吸收权益性资本收到的现金与筹资活动现金总流入比较，所占比重大，说明企业资金实力增强，财务风险降低。

树儿说道："上市公司的财务数据虽然庞杂，分门别类地分析还是能看出企业的运营轨迹。"

我说："企业的运营活动体现在财报上就是钱的运营轨迹，分别计算经营活动现金流入、投资活动现金流入和筹资活动现金流入占现金总流入的比重，可以了解现金的主要来源。"

一般来说，经营活动现金流入占现金总流入比重大的企业，经营状况较好，财务风险较低，现金流入结构较为合理。另外，分别计算经营活动现金支出、投资活动现金支出和筹资活动现金支出占现金总流出的比重，能具体反映企业的现金用于哪些方面。一般来说，经营活动现金支出比重大的企业，其生产经营状况正常，现金支出结构较为合理。

树儿笑道："这就是入不敷出的意思吧，总是花钱不见钱进来。互联网企业初创时期都是这样，光花钱不见赚钱。"

　　我被树儿的调侃逗得哈哈大笑，说道："巴菲特一直不看好互联网企业，他的股票池里没有互联网企业。我对互联网企业的财报看不懂，分析不出所以然。我买过暴风集团的股票，但是很快就卖出了，这是我唯一一次投资互联网企业。"

　　树儿问道："怎么看待现金流量和偿债能力的对应关系？"

　　我说："如果本期现金净流量增加，则表明公司短期偿债能力增强，财务状况得到改善。反之，则表明公司财务状况比较困难。"

　　经营活动是公司的主营业务，这种活动提供的现金流量，可以不断用于投资，再生出新的现金来，来自主营业务的现金流量越多，表明公司发展的稳定性也就越强。公司的投资活动是为闲置资金寻找投资场所，筹资活动则是为经营活动筹集资金，这两种活动所发生的现金流量都是辅助性的，并且服务于主营业务。这一部分的现金流量过大，表明公司财务缺乏稳定性。

　　股民在分析投资活动时，一定要注意分析是对内投资还是对外投资。对内投资的现金流出量增加，意味着固定资产、无形资产等的增加，说明公司正在扩张，这样的公司成长性较好。如果对外投资的现金流量大幅增加，则意味着公司正常的经营活动没有能够充分吸纳现有的资金，资金的利用效率有待提高。对外筹资的现金流入量大幅增加，意味着公司现有的资金不能满足经营需要，从外部引入了资金。如果对外投资的现金流出量大幅增加，则说明公司正在通过非主营业务活动来获取利润。

　　如果一家企业净利润增长迅速，那么按照理想的情况，经营活动产生的现金流量应该也是增加的，利润带来了现金流入，这是很基本的常识，但是有时候这些增长就是不匹配，甚至还出现了经营活动现金流量负增长的情况，这时就要保持一定的警惕，有可能企业的业绩来自投资活动，回收的都是不可持续的一次性投资收益，或者更加普遍的表现为有很多的应收款项。

树儿说道："康美药业爆出财务造假事件，其实反映出上市公司有美化财务数据的动力和能力，如果不是证监会发现，那么普通投资者很难识别。"

我说："是啊，上市公司对现金流量表的造假，从财会的角度看无非就是那几种造假方法，玩不出新花样。"

常见的现金流量表造假方法有：

（1）把筹资活动现金流入当作经营活动现金流入。把借来的钱假冒成营业收入，这看上去有点异想天开，但是在利益面前有人就是会铤而走险。

（2）把经营活动现金流出当作投资活动现金流出。如果一笔费用，企业假装用此买到了一台机器作为固定资产投资，或者用一笔买原材料的资金冒充投资公司股权，并且与关联方勾结起来，那么投资者就会看到现金流量表中经营活动现金流出减少。

（3）虚假经营活动现金流入，也有些公司会夸大新业务或者新子公司将带来的经营现金流增长，很多时候投资者对于上市公司高管的乐观情绪需要谨慎对待。

上述 3 个方面，都是常见的现金流量表造假形式，投资者在进行分析的过程中，一定要注意"避雷"。

对于现金流量的造假，需要的是上下游企业的勾结或者关联方的勾结。若不是非常严重的"一股独大"，则小投资人通过实地的走访和旁敲侧击的了解，还是可以看出端倪的。

正如我曾经说过的那样："不要在你找到一个锤子时到处找钉子，现金流量表也要与其他的财务分析工具一起使用，切记不可以单一指标得出企业价值。"

深入分析资产负债表

树儿说道:"在3张报表中,我最不喜欢看资产负债表,因为看不懂。"

我点点头说: "资产负债表是3张报表中最难以分析的一张报表,但资产负债表是所有表格的基础,又不得不看。我的经验是先看最感兴趣的表——利润表,再看最容易理解的表——现金流量表,最后看资产负债表。"

从某种意义上说,一个公司的资产负债表才是根本。无论是现金流量表还是利润表都是对资产负债表的深入解释。在格雷厄姆的时代,会计准则并没有要求现金流量表。因此在格雷厄姆的《证券分析》一书中对资产负债表的论述与分析是最多的。后来的会计准则进一步发展,现金流量表逐渐成为必需。

资产负债表也被称为财务状况表,表示企业在一定日期的财务状况(资产、负债和业主权益的状况)的主要会计报表。资产负债表利用会计平衡原则，将合乎会计原则的资产、负债和股东权益交易科目分为"资产"和"负债及股东权益"两大区块，在经过分录、转账、分类账、试算、调整等会计程序后，以特定日期的静态企业情况为基准，浓缩成一张报表。其报表功用除了企业内部纠错、确定经营方向、防止弊端，还可让所有的阅读者在最短时间内了解企业经营状况。

资产负债表是一张静态报表，反映的是某一时点的财务状况。以年报为例，通常选择 12 月 31 日这一个时点的财务状况编表。资产负债表是所有报表的核心，也是最重要的一张表。

资产负债表能够反映一个公司的财务健康状况，高增长是所有投资者都梦寐以求的，但如果高增长是建立在高杠杆的基础之上，则是非常危险的。

我问树儿道："如果让你决定投资某家公司，那么你会考虑哪些因素呢？"

树儿想了想，为难地说："也许我会考虑这家公司赚不赚钱，也许会考虑它目前拥有多少资产，有没有负债，有多少负债，这家公司资金是否充裕，存货有多少，变现能力如何，有没有设备，设备还能用几年等问题。"

我敲敲桌子说道："这些问题必然是投资者需要考虑的，我们可以通过资产负债表来找到这些问题的答案。"

资产负债表有一个基本公式：

$$资产 = 负债 + 所有者权益$$

不论公司处于怎样的状态，这个会计平衡式都是恒等的。左边反映的是公司所拥有的资源，右边反映的是公司的不同权利人对这些资源的要求。

债权人可以对公司的全部资源有要求权，公司以全部资产对不同债权人承担偿付责任，偿付完全部的负债之后，余下的才是所有者权益，即公司的资产净额。

从资产负债表的定义就可以看出，资产负债表能够分为资产、负债两部分。

通过资产负债表能够分析一个企业的经营能力以及生命力，可以说，资产负债表是进行企业估值的基础知识之一。

在资产负债表中，资产就是指预期可以增加或者减少公司的现金流。公司账上的现金是一种资产，可以存在银行，然后拿到利息，它是可以增加公司现金流入的。已经提前支付出去的房租费，但是实际的租赁行为还没有完全发生，那么所计提的预付账款，对公司来说也是一种资产。堆积在厂房里面的存货、生产设备，都是一种资产。

在分析资产负债表要素时我们应首先注意到资产要素分析，具体包括如下内容：

（1）流动资产分析。分析公司的现金、各种存款、短期投资、各种应收应付款项、存货等。流动资产比往年提高，说明公司的支付能力与变现能力增强。

（2）长期投资分析。分析一年期以上的投资，如公司控股、实施多元化经营等。长期投资的增加，表明公司的成长前景看好。

（3）固定资产分析。这是对实物形态资产进行的分析。资产负债表所列的各项固定资产数字，仅表示在持续经营的条件下，各固定资产尚未折旧、损耗的金额。因此，我们应该特别注意，折旧、损耗是否合理将直接影响到资产负债表、利润表和其他各种报表的准确性。很明显，少提折旧就会增加当期利润，而多提折旧则会减少当期利润，有些公司常常就此埋下伏笔。

（4）无形资产分析。主要分析商标权、著作权、土地使用权、非专利技术、商誉、专利权等。商誉及其他无确指的无形资产一般不予列账，除非商誉是购入或合并时形成的。取得无形资产后，应登记入账并在规定期限内摊销完毕。

与此相对，从资产负债表中还能够看出该企业的负债情况。负债就是公司欠别人的钱，可以是从银行借入的短期借款、长期借款，也可以是发行债券所融资的钱，以及公司上下游之间的欠款，例如采购的原材料，货已经拿到手了，但是钱还没有支付出去，需要记录应付账款，下游的经销商提前给公司打款，然后才是拿货，需要计提预收账款。

其次要对负债要素进行分析，包括如下两个方面：

（1）流动负债分析。各项流动负债应按实际发生额记账，分析的关键在于要避免遗漏，所有的负债均应在资产负债表中反映出来。

（2）长期负债分析。包括长期借款、应付债券、长期应付款项等。由于长期负债的形态不同，所以应注意分析、了解公司债权人的情况。

最后是股东权益分析，包括股本、资本公积、盈余公积和未分配利润4个方面。分析股东权益，主要是了解股东权益中投入资本的不同形态及股权结构，了解股东权益中各要素的优先清偿顺序等。看资产负债表时，要与利润表结合起来，主要涉及资本金利润和存货周转率，前者是反映盈利能力的指标，后者是反映营运能力的指标。

树儿指着我手里的资产负债表说："资产负债表中有这么多项目和数据，拿到资产负债表首先应该看什么项目呢？"

我把资产负债表分成两沓，说道："分析一个企业的资产负债表无非就是查看该企业的资产以及负债情况。当拿到一个企业的资产负债表时，从资产方面应考察货币资金、应收账款、存货、预付账款等方面，从负债方面应考察应付账款、负债等方面。"

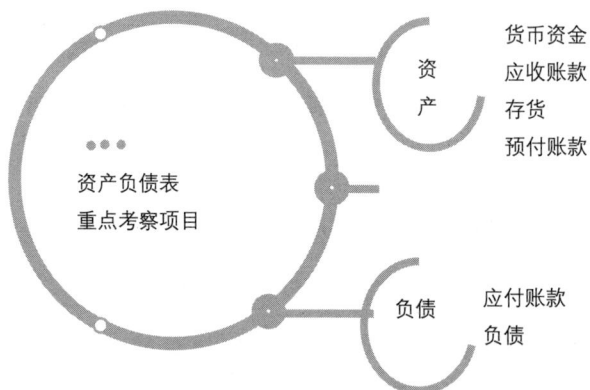

考察上述项目可以获得关键信息：企业赚钱能力如何？企业是否赚钱？

（1）货币资金是指存在于货币形态的资金，包括现金、银行存款和其他货币资金。可以说企业的货币资金是资金运动的起点和终点，同时也是一个企业生产经营的先决条件。实际上，货币资金也可以简单地理解为公司账上有多少现金等价物。

通过对一个企业账目的货币资金的分析，能够快速了解该企业账目有多少等价现金，有利于对企业进行细致估值，并且分析其风险。

（2）应收账款、存货用于查看资产负债表中资产方面十分重要的考察部分，尤其是应收账款和存货占资产的比例，以及增长速度是否异常。

一般来说，如果有大量的应收账款，那么说明公司采用的是比较激进的销售行为，生产的商品或者服务已经提前发出去了，但是公司实际上还没有拿到钱，其中存在坏账的风险，因此要配合查看公司的前五大客户的销售金额，考察客户集中度，以及是否存在对单一大客户过于依赖的行为。因为应收账款可能存在无法回收的问题，也就存在计提坏账损失的风险。

存货有跌价的风险，尤其像电子类产品，更新换代非常频繁，大量的产品积压在仓库中，可能几个月以后价格就出现了大幅下跌，甚至无法出售，所以要特别注意存货大量攀升的现象，尤其是需要配合公司的具体商业模式一起分析，看看存货是否有隐患。

（3）在资产负债表分析中，应付账款和预收账款的变化趋势能够反映公司在产业链上下游中的强势地位。

预收账款是一个公司产品具备竞争力的体现之一，如果一家公司的产品非常畅销，那么经销商都愿意提前打款备货。A 股中比较典型的有：贵州茅台、格力电器和海天味业。

预付账款是公司提前支付给上游客户的资金，如果公司在生产经营环节，需要被上游占用资金，则表明在产业链中处于比较弱势的地位，必须先要把钱支付出去，才能拿到原材料。

相对于预付账款来说，欠上游的资金为应付账款，比较理想的商业模式是先把对方的原材料运过来，进行生产加工，然后分批次地给对方打款，应付账款拖得越久，说明可以占用上游资金的实力越强。

（4）查看企业资产负债表时，应当关注其有息负债的占比，尤其是关注短期借款的变化趋势。

有息负债是需要支付利息的借款，包括短期借款、长期借款和应付债券，如果短期借款占比比较大，则表明公司可能会有资金周转上的困难，有息负债占比过大，公司需要支付不少的利息。

净资产收益率

树儿说道："有一个直观的指标——净资产收益率能帮助我们更深刻地了解资产负债表。巴菲特在他写给股东的信中说：考察公司赚钱能力主要应用的财务指标是市净率和净资产收益率。国际上净资产收益率超过 15% 的公司算合格，而超过 18% 才算优秀。"

净资产收益率是反映上市公司盈利能力及经营管理水平的核心指标。该指标无论在定期报告还是临时报告中，都时常出现，深刻理解其内涵，了解其功用是投资者提升基本面分析能力的必由之路。

树儿又说："净资产收益率的计算公式是净资产收益率 = 净利润 / 净资产。对于什么是净资产一直是让我感到迷惑的问题。"

在上市公司的资产中，除去负债，其余都属于全体股东，这部分资产称为净资产（所有者权益）。净资产就如同做生意当中的本金。如果有两家上市公司，A 公司一年赚 1 亿元，B 公司一年赚 2 亿元，那么仅根据这个数据，无法判断哪家公司经营得更好。

因为我们不知道，A、B两家公司赚这些钱时用的本金（净资产）是多少。如果A公司的净资产是5亿元，B公司的净资产是20亿元，那么可以肯定地说，A公司的盈利能力要比B公司强很多。因为A公司的净资产收益率是20%，而B公司则是10%。

不考虑股价因素，好公司的标准当然是具有赚钱能力，而净资产收益率就是用来告诉投资者，一家上市公司赚钱的能力怎么样，赚钱效率高不高。在所有评价上市公司的常用财务指标中，净资产收益率普遍被认为最重要。

观察净资产收益率，至少要看过去3年的指标——年报正文开始部分的"报告期末公司前3年主要会计数据和财务指标"表格中，有连续3年的数据，看起来很方便。如果公司没有经过大的资产重组，那么最好看看自其上市以来，每一年的净资产收益率。

这么做主要是由于融资、投资进度等原因，只看一两年的净资产收益率，有可能无法全面反映上市公司的盈利能力，连续几年净资产收益率最能将上市公司的盈利能力暴露无遗。

例如，观察一家上市公司连续几年的净资产收益率表现，会发现一个有意思的现象：在刚刚上市的几年中，上市公司都有不错的净资产收益率表现，但之后，这个指标会出现明显下滑。

这是因为，一家公司随着规模扩大，净资产不断增加，必须开拓新的产品、新的市场，并辅之以新的管理模式，以保证净利润与净资产同步增长。这对一家公司来说，是很大的挑战，它在考验一个领导者对公

司发展的预测，对新的利润增长点的判断以及其管理能力是否可以不断
提升。

关键指标：市盈率

这时服务员端上来一道菜，树儿指着菜说道："这道菜名字很好听，叫都来福，其实就是豆腐做的，居然卖 68 元，太贵了。"顿了顿，树儿又说道："分析完上市公司的 3 张报表，就大致了解了一个公司，可以给这个公司估值，掂量掂量这个公司股票是否值得买，是买便宜了还是买贵了。"

我点点头说道："在生活中，我们很容易判断出一个东西是买贵了还是买便宜了，对应到股票上，如果不深入学习分析则很难判断出股票是买贵了还是买便宜了。好在利润表、现金流量表、资产负债表的分析能让我们大致分析出公司股票的价值。"

在给企业估值时，市盈率往往作为企业估值的重要指标被重点考察。

市盈率也称 PE、股价收益比率或市价盈利比率，由股价除以每股收益得出，也可用公司市值除以净利润得出。

市盈率的优点在于简单明了地告诉投资者在假定公司利润不变的情况下，以交易价格买入，投资股票靠利润回报需要多少年的时间回本，同时它也代表了市场对股票的悲观或者乐观程度。

因此当一个企业在正常盈利的情况之下，其市盈率的大小将会成为判断估值水平的结果：

（1）市盈率 < 0，则该公司盈利为负（一般显示为 "-"）。

（2）市盈率为 0 ~ 13，即价值可能被低估。

（3）市盈率为 14 ~ 20，即价值为正常水平。

（4）市盈率为 21 ~ 28，即价值可能被高估。

（5）市盈率为 28，反映股市出现投机性泡沫。

树儿说道："找到严重被低估的公司，会给我们带来超额收益。巴菲特 1990 年买入富国银行时市盈率不到 5 倍，巴菲特回忆说道：'1990年我们能够大规模买入富国银行，得益于当时一片混乱的银行股市场行情……在投资者纷纷抛售逃离银行股的风潮中，我们才得以投资 2.9 亿美元买入富国银行 10% 的股份，我们买入的股价低于税后利润的 5 倍，低于税前利润的 3 倍。'"

我赞叹道："巴菲特总是能找到严重被低估的股票，大举投资。"

一般情况下，市盈率相关的因素有以下几种：

市盈率与公司所处行业密切相关。例如，电子信息行业龙头股市盈率高达 150 倍，钢铁板块市盈率常在 10 倍左右徘徊。

市盈率受股本大小和股价高低的影响。股本越小的股票越受青睐，其市场定位和市盈率越高。

公司是否为高成长性，对市盈率有重大影响。公司未来前景越好，成长性越高，股价自然就高，市盈率水平就越高。

同时，按照经验判断，对于正常盈利的公司，如果净利润保持不变，则给予 10 倍左右市盈率合适，因为 10 倍的倒数为 1/10=10%，刚好对应一般投资者要求的股权投资回报率或者长期股票的投资报酬率。

这里强调的是正常盈利状态的公司，因为对于亏损的公司计算出来的市盈率是负数，该指标失效，而微利的公司因为其净利润的分母小，计算出来的市盈率会高达成千上万，指标非常高，但是公司的估值实际未必真的高。

对于未来几年净利润能够保持在 30% 增长区间的公司，十至二十多倍市盈率合适。对于 30 倍市盈率以上的公司尽量别买，并不是说市盈率高于 30 倍的股票绝对贵了，而是因为仅有少之又少的伟大公司既有超高的盈利能力又有超快的增长速度，能够长期维持 30 倍以上的市盈率，买中这种股票需要投资者非同一般的远见和长期持有的毅力。

一般的公司也不可能长期保持超高的利润增长速度，因为净资产收益率受到竞争因素的限制，长期能够超过 30% 的公司凤毛麟角，对应的可持续增长率也不会长期超过 30%。如果你组合中都是 30 倍以上市盈率的公司，建议还是小心谨慎些好，因为能够称为伟大公司的真的非常稀少。

60 倍以上市盈率为"市盈率魔咒"或"死亡市盈率"，这时候股票价格的上涨最为迅猛，市场情绪最为乐观，但是很难有公司、板块以及整个市场能够持续保持如此高的估值。例如，2000 年美国的纳斯达克市场，1989 年日本股票市场等，无一能够从市盈率魔咒中幸免。

安全边际的设定

树儿说道："格雷厄姆最喜欢给股票设定安全边际，超过安全边际的股票不能买入。"

我夹起一口菜，说道："就像这道菜，68 元你觉得贵但是依然买了，如果这道菜价格是 180 元，那么你还会买吗？肯定不会买了，因为它远远超出了菜本身的价值，也超出了我们的心理预期。"

树儿赞同地说道："是的，超过 100 元我就不会买了。这么说来，对于这道菜我设定的安全边际是 100 元。"

在帕特·多尔西所著的《股市真规则》一书中提到，安全边际就像一份保险单，有助于防止投资者以过高的价格买入，同时也减轻了投资者因过度乐观的估值而引起的损害。在书中，帕特·多尔西曾说："在晨星公司，安全边际对有较强竞争优势的稳定的公司为 20%，对没有竞争优势的高风险的公司为 60%，就在这样一个范围内变化。平均起来，对大多数公司来说，我们需要一个 30% 至 40% 的安全边际。"

说来说去，这个安全边际究竟是什么呢？简单来说，具有较大的安全边际，可以理解为：在一只股票的内在价值之下获得一个折扣购买。例如投资周期性企业、陷入财务困境的企业，如果作为合理的投资则需要特别高的安全边际。

在《股市真规则》一书中，帕特·多尔西以高乐氏公司股票进行举例，解析了安全边际的重要性：

高乐氏公司股票每股价值为 54 美元，而且其股票正以 45 美元的价格交易，如果我们买入的股票正好到达所分析的价格，那么收到的回报应该是 45 美元和 54 美元的差值（20%），加上 9% 的折现率，也就是 29%。

假如在购买高乐氏公司股票之前制定一个 20% 的安全边际，那么我们就不应该在每股 45 美元时买入，而应当等到高乐氏公司股票价格下跌到 43 美元以下之后再买入。这样即使分析有误，所进行的投资组合损失也十分有限。

举一个简单的例子，如果某股票内在价值为 10 元，投资者设定 50% 的安全边际，那么最高的购买价格为 5 元。这之上任何价格都会消减安全边际，从而提高风险。安全边际高带来的正面效果，即使估值出错，实际内在价值 8 元，也具有相当的安全边际。因此，在某种程度上，安全边际是在为投资者自己判断或误判购买一个免费零息保险。

树儿说道："我们在买入股票的时候，都要求有一定的安全边际，那么这个安全边际到底是多少合适呢？"

我身体后仰，靠在椅子上，说："显然这是一个比较重要的问题，如果安全边际定得太高，那么可能会买不到股票，同时如果安全边际定得过低，那么也有可能，你买入之后，它还会一直下跌。显然安全边际的确定是一个非常有技术含量的问题。"

买入的价格将直接影响你的收益，如何来确定安全边际，核心还是要看买入对象的护城河如何，如果护城河相对来说比较牢固，那么这个安全边际可以给得略小一些，相反如果护城河并不牢固，那么安全边际就必须要给得大一些，或者可以这样理解，安全边际的大小取决于企业护城河的情况，如果护城河宽广，那么价格上就可以适当给得高一些，或者说安全边际是由护城河和价格两个因素组合而成的，两者为互补关系。护城河弱的企业，价格应该给得更低一些；护城河宽广的企业，价格可以适当给得高一些。

树儿说道："企业的优秀就是最好的安全边际，优秀的企业即使价格略高一些，投资者也是可以接受的，随着时间的延续，企业的价值必定很快就会超过价格，自然也就赚钱了。"

树儿也把身体向后仰，靠在椅子上，说道："从 1978 年到 2018 年，中国走过了改革开放 40 年的历程，成为世界第二大经济体，涌现出了无数傲立世界的优秀企业，我对未来充满了期待，更对手中的股票充满期待！"我们相视而笑。

我举起杯子，一饮而尽，说："我在股市中浮沉 20 年，今天还活跃在这个市场中，二十多年的投资之路让我收获了很多教训，尤其是近 12 年，更是经历了股市的大起大落。在这段时间里，我并不是一帆风顺，有盈利也有亏损。期待下一个 20 年，我们依然在这个市场中活跃着，依然能笑谈股市。"

后　记

记录与树儿的这一次长谈，在此分享给大家，以供各位投资者参考。

我真心希望各位投资者都能够在牛市中赚钱，在熊市中不亏钱，持续地盈利。这个市场给予我很多，我感到十分满足和感激，心怀感恩，我希望自己能够成为一个布道者，分享自己的炒股经验以及感悟。

在我看来，其实在股市中没有敌人，我们最大的对手就是自己。在投资过程中，性格的作用比智力大得多，头脑的作用不如人性，天资不如由职业投资者的判断力所节制着的自制、耐心和规律。在内心严格遵守价值投资原则的人，也会在生活中和外在上更简单。改变自己的错误，而且力求不再重蹈覆辙，这才是真正的"投资人"而不是一个"投机者"。优于别人，并不高贵，真正的高贵应该是每年都优于过去的自己。

投资中最困难的事是认识自己。为什么认识自己最难？这是因为人的记忆力是非常短暂的，在熊市中，我们通常忘记了自己在牛市中的心理状态和当时的想法，反之也一样。所以，在任何一个时间点上，你所了解的只是一个不完整的自己。如何破解这个难题？没有捷径，只能不断反思并且更正自己的心态，用心回味自己的经历。

在股市中价值投资者是少数，赚钱的也恰恰是这些少数人。

　　投资需要一个圈子，大家在其中分享投资的经验。不要像我之前一样，只知道自己摸爬滚打、误打误撞，既损失了真金白银，又重创了投资热情和投资信心。

　　不要试图和喜欢嘈杂而不稳定的朋友去谈如何进行价值投资，不要和每天都在抱怨涨跌的人谈企业的成长前途研究。人以群分，物以类聚。将时间用在有效的地方，或者干脆就和这些朋友只是喝茶闲聊。

　　价值投资需要时代的洞察力，而洞察力来源于投资者对世界的观察和体会，对外部信息的分析阅读，所以投资的过程也是阅读的过程。投资者需要阅读企业研究报告，阅读行业报告，阅读经济趋势，以及阅读和分析突发事件的影响。

　　投资需要不断地学习。我很高兴看到很多朋友走上价值投资之路，收获财富。找一个好企业就像找宝藏一样，调查和研究的过程都是学习并且使人很快乐。祝愿每一位投资者在股市投资中既能赚钱又能感受到学习和成长的快乐！